N° 314 M

HAUTE COUR DE JUSTICE

AFFAIRE

BOULANGER, DILLON, ROCHEFORT

RÉQUISITOIRE

Lu par M. le Procureur Général à la Chambre d'Accusation

NOTE SUR LA COMPÉTENCE

I

RÉQUISITOIRE

Cote 1131.

Le Procureur général près la Haute Cour de Justice,

Vu la procédure instruite contre :

1° Boulanger (Georges-Ernest-Marie), né à Rennes, le 29 avril 1837, général en retraite, député, domicilié à Paris; en fuite ;

2° Dillon (Arthur), né à Paris, le 18 mars 1834, sans profession, domicilié à Paris; en fuite ;

3° De Rochefort-Luçay (Henri-Victor), né à Paris, le 30 juin 1831, journaliste, domicilié à Paris; en fuite ;

Prévenus aux termes du Réquisitoire introductif en

date du 12 avril 1889 des crimes d'attentat et de complot connexe, commis sur le territoire de la République et spécialement à Paris, depuis moins de dix ans, et notamment au cours des années 1888 et 1889;

Contre lesquels mandat d'arrêt a été décerné à la date du 30 avril 1889;

Et encore :

4° Reichert (Armand-Charles-Théodore), né à Strasbourg, le 26 octobre 1847, sous-intendant militaire, demeurant avenue de Breteuil, 54; libre;

5° Soudey, dit Dubois (Édouard-Gustave), né à Paris, le 13 février 1863, ayant demeuré en dernier lieu à Paris, rue Campagne-Première, 5; libre;

Inculpés l'un et l'autre de complicité au cours de l'instruction;

Expose qu'il en résulte les faits suivants :

PRÉLIMINAIRES

I. — A l'origine des poursuites.

Au commencement de l'année 1889, Boulanger, général exclu de l'armée, attentait notoirement à la sûreté de l'État. Il avait érigé le complot en système; avait organisé, rue Dumont-d'Urville un véritable contre-gouvernement; des sommes considérables et d'origine mystérieuse alimentaient sa caisse; une presse subventionnée par ses soins annonçait sa prochaine arrivée au pouvoir; ses alliances avec tous les ennemis de la République étaient proclamées avec éclat. Une ancienne société patriotique avait été transformée sous son inspiration et composait son armée occulte.

Enfin, depuis deux années, l'ordre public était sans cesse menacé, troublé fréquemment par des manifestations tumultueuses et par des commencements d'émeute fomentés par lui ou par son entourage. Boulanger avait corrompu des fonctionnaires, semé l'inquiétude dans les esprits, excité les haines et tout organisé en vue de sa dictature.

Nul ne pouvait hésiter soit sur la légitimité, soit sur la nécessité d'une poursuite.

C'est alors que la Chambre des Députés donna son autorisation et que l'action fut intentée.

Deux autres personnes furent désignées dans le réquisitoire initial : Dillon et Rochefort, qui avaient joué près de l'ancien Ministre de la Guerre le rôle de conseillers, d'instigateurs et de compagnons inséparables.

Le Ministère public possédait par devers lui de graves indices ; la Commission d'instruction les contrôla et recueillit de nouvelles charges.

Le Procureur général a aujourd'hui pour mission d'analyser les résultats de l'enquête, et de conclure.

II. — Première conception du complot.

Dès que Boulanger fut élevé au rang d'officier général grâce à la protection de M. le duc d'Aumale, son ambition ne connut plus de bornes.

Croyant (comme il l'a répété souvent) à « son étoile » (Cote 681. *Annexes* p. 115) et dépourvu de scrupules, il rêva le suprême pouvoir et se mit en quête des moyens qui l'y pourraient conduire.

Devenu en 1882 directeur de l'infanterie au Ministère de la Guerre, il se donna beaucoup de mouvement, noua des relations parlementaires dans tous les partis et posa secrètement ses premiers jalons. C'est à ce moment que l'instruction le rencontre pour ne plus le quitter.

Au cours des enquêtes, une perquisition a été opérée chez un sieur Buret, qui s'intitule ancien journaliste. Les pièces saisies étaient de la dernière importance : Buret a dû se décider à parler. Il a reconnu alors que le directeur de l'infanterie avait fait de lui son ami particulier bien qu'il comptât alors à son passif quatre condamnations dont trois pour escroquerie (Cote 423). Mais Buret avait de l'entregent, de la hardiesse, possédait ses entrées dans certains bureaux de journaux : Boulanger en fit son agent de la première heure. (Cote 422, *Dépositions*, page 9.)

S'étant ainsi assuré de la réclame politique, il s'occupa à créer sa légende militaire. Il fit éditer sa première biographie, dite populaire, avec un portrait équestre sur la couverture; et, pour la répandre dans les corps de troupes, jeta les yeux sur M. Baudouin, directeur de la *Librairie Militaire*. Écoutons ce témoin :

« .....Le Général m'envoya un nommé Entz, qui m'apporta des ballots de biographie que le Général, dit-il, aurait été heureux de me voir adresser gratuitement à l'armée, en les faisant entrer dans les commandes expédiées à mes clients. *M. Entz me vanta la reconnaissance du Général;* mais je refusai. » (Cote 183, *Dép.*, p. 30.)

Plus tard, on le verra, Boulanger, devenu Ministre de la Guerre, a cruellement puni Baudouin de ce refus.

Lorsque, en 1884, Boulanger fut appelé au commandement de la division d'occupation en Tunisie, il se sentit à un échelon supérieur, et partant, marqua plus d'impatience. M. Cambon l'a dit : « Le Général ne voulait pas se subordonner au pouvoir civil. Tout devint prétexte à conflit. » (Cote 180. *Dép.*, p. 2.)

M. le Général de Dionne a prononcé le vrai mot : « Il agissait en proconsul. » (Cote 166. *Dép.*, p. 8.)

Un jour il faisait enlever de vive force une caisse de drapeaux déposés à la Douane ; une autre fois il faisait disperser par la troupe des agents voyers préposés à la réparation d'une route; dans une autre circonstance, il protestait publiquement contre une décision de l'autorité judiciaire en invitant les soldats à faire usage de leurs armes. M. le Général de Dionne termine ainsi sa déclaration : « Il est résulté de l'attitude prise par le Général Boulanger, qu'il s'était acquis une très grande popularité dans toute la division d'occupation et que lorsqu'il a été nommé Ministre, on prévoyait pour lui des destinées plus élevées encore. » (Cote 166. *Dép.*, p. 8.)

M. Cambon achève en quelques mots le portrait :.... « Quand j'obtins la prépondérance officielle, le Général Bou- « langer inaugura un cercle militaire en prononçant un dis- « cours contre l'autorité civile. Le jour de son départ, il fut « harangué à la gare par le directeur d'un journal d'opposition « violente et lui répondit dans le même esprit. » (Cote 180. *Dép.*, p. 2.)

C'est à ce moment que Boulanger employa son agent à solliciter la presse parisienne en faveur de sa notoriété. Il suffit pour s'en convaincre de consulter sa correspondance :

— Mardi matin : « Mon cher ami, oui, vous avez très « bien fait. Demain le *Petit Journal* et jeudi l'*Evénement.* « Tenez bon pour ce dernier surtout. — Pourquoi n'avoir « rien fait mettre dans la *Nation* de ce soir ? » (Cote 409. *Ann.*, p. 44.)

Le « cher ami », c'était Buret.

— Lundi : « Eh bien, attendons trois jours, puisqu'il « n'y a pas moyen de faire autrement pour l'*Evénement*, « mais mettez dans la *Nation* demain soir, dans tous les « cas. » (Cote 408. *Ann.*, p. 45.)

— Dimanche : « Eh bien, et votre *Evénement?* Il fait « comme les autres, il flanche, car j'ai beau le lire, je ne « vois rien... » (Cote 411. *Ann.*, p. 45.)

Une campagne ardente fut entreprise par lui contre M. Cambon, dont la prépondérance le gênait. Il écrivait lui-même de Tunis les articles les plus diffamatoires et Buret les portait à certaines feuilles sans nommer l'auteur. (Cote 422. *Dép.*, p. 9.)

— Mercredi, 18 novembre : « Mon cher ami, vous « m'obligeriez infiniment en faisant reproduire... par un « aussi grand nombre de journaux que possible l'article de « tête de la *Lanterne.* » (Cote 416. *Ann.*, p. 27.)

— « Vous ne pouvez donc pas trouver un seul journal « pour soutenir la campagne? Triste! Triste! » (Cote 411. *Ann.*, p. 45.)

— « Mon cher ami, merci de vos lettres, de vos télé-« grammes, merci surtout de votre dévouement. D'après « ce qu'on m'écrit, j'ai lieu de croire que X... (un ministre) « me revient un peu. Je serais curieux de connaître son « impression quand il aura vu... le Président du Tribunal « (de Tunis). Bien que ce dernier ne m'aime pas, il aime « encore moins C.

« L'essentiel maintenant est de *préparer les ministres « par les amis*. C'est à quoi vous travaillez, j'en suis sûr. « *Bien préparée ainsi, mon action ira toute seule* lors de « mon arrivée à Paris. » (Cote 418. *Ann.*, p. 52.)

Il descend à l'hôtel du Louvre; sa préoccupation l'a suivi. Il rédige lui-même un article violent.

— « Confidentiel. Mon cher Buret, faites donc repro-« duire dans quelques journaux, je vous en prie, *l'article ci-« joint sur les sieurs Cambon* et Allegro, et *faites de même*, « vous m'obligerez, *pour le ou les articles qui pourraient « suivre sur le même sujet.* » (Cote 415. *Ann.*, p. 27.)

— « *Ne négligez rien pour que C... soit mis à la porte « le plus tôt possible*, le moment est bien choisi... » (Cote 407. *Ann.*, p. 45.)

Ayant échoué, il inaugure aussitôt son système de Manifestes sous forme de lettres à des amis. Il écrit au même Buret :

« Le décret qui vient de paraître, rendu sans que mon « avis m'ait été demandé, m'imposait le devoir de provo-« quer ma mise en disponibilité; c'est ce que je viens de « faire. Je tombe parce que j'ai voulu défendre mes subor-« donnés contre l'étranger et contre l'administration de « Cambon qui ruine la Tunisie.

« *L'armée me sera, j'en suis convaincu, reconnaissante « de mon attitude...*

« Vous recevrez cette lettre lundi ou mardi prochain.

« Si d'ici là vous n'avez pas un télégramme vous donnant « contre-ordre, *je vous autorise à la répandre partout et à « en faire l'usage que vous jugerez convenable (sans qu'elle « paraisse émaner de moi, bien entendu).* » (Cote 413. « *Ann.*, p. 18.)

Il nouait sans doute à la même époque d'autres intrigues avec Buret, à en juger par les pièces suivantes :

— « Je n'ai pas reçu la dépêche *chiffrée* que vous « m'avez annoncée... » (Cote 390, *Ann.*, p. 15).

— « Vous pouvez être tranquille et me raconter dans « vos lettres *les choses les plus confidentielles;* jamais « officier d'ordonnance ou secrétaire n'ouvre mes lettres. « Le bonjour à *nos amis.* » (Cote 384. *Ann.*, p. 10.)

Il lui confesse à quatre reprises différentes son vif désir d'aller au Tonkin. (Cotes 375, 378, 379, 398. *Ann.*, p. 14, 46, 16, 13).... « A défaut du Ministère, j'en serais « bien heureux. » (Cote 398. *Ann.*, p. 13.)

Le Ministère est son principal objectif; il invite Buret à travailler dans ce sens :

— « Je compte toujours sur vous pour me tenir au « courant.... Brûlez cette lettre.... D'après les nouvelles que « je reçois les deux concurrents les plus redoutables que « j'aurai dans la première combinaison seraient Thomassin « et Tricoche; le premier, vous savez, l'homme de Gam- « betta; le second, fin et intrigant, mais sans aucune « consistance. *Il y aurait peut-être lieu de les saper, sans « prononcer mon nom. Beaucoup de prudence.* » (Cote 378. *Ann.*, p. 46.)

Tandis que Buret le représentait à Paris, Boulanger avait à Tunis un autre agent secret. Ce dernier était la femme Pourpe, son ancienne maîtresse, qui venait de subir à Saint-Lazare une peine de six mois d'emprisonnement pour escroquerie (Cote 441) et dont il connaissait si bien les antécédents qu'il est allé la visiter secrètement dans sa prison.

Plus tard, il aura pour principaux agents de propagande un nommé C., condamné à cinq années d'emprisonnement

(Dossier de la Ligue des Patriotes, Annexe 1, Cote 10. *Ann.* p. 115) et un nommé P., condamné pour attentat à la pudeur sur un enfant. (Cotes 68 et 68 bis. *Ann.* p. 91.)

L'examen de ces débuts a semblé utile, parce qu'ils révèlent sous leur vrai jour les tendances et surtout le caractère de Boulanger.

Il devint Ministre de la Guerre au mois de janvier 1886. Le Général pouvait dès lors prétendre à tout et se trouvait merveilleusement placé pour travailler en vue de son avènement. Son premier soin fut de se poser hardiment en général politique, personnage inconnu jusqu'ici dans notre pays. C'est alors qu'on le voit flattant tour à tour les partis les plus opposés (Cote 444. *Dép.* p. 135), se prodiguant en tous lieux, établissant cette *correspondance libre* qui le rendait populaire dans les casernes en favorisant les plaintes au détriment de la discipline, cherchant à séduire par sa bienveillance banale, et courtisant tous ceux qui pouvaient augmenter sa notoriété.

Cependant ce n'était qu'une ébauche. Il fallait parler aux imaginations, et son passé ne lui donnait aucun prestige; il fit tout pour suppléer à ce qui lui manquait de ce côté. Le dossier, bien qu'il semble incomplet à cet égard, contient quarante-quatre portraits différents de Boulanger, remontant pour la plupart au temps de son Ministère (Dossier annexe 4); seize de ses images sont suivies de biographies fantaisistes. Dans l'une de celles-ci, qui est directement sortie de ses mains, sa beauté physique est vantée avec enthousiasme. (Déposition Gelez, Cote 212. *Dép.* p. 119.) Ailleurs, il est représenté sous un dais, avec les attributs de la souveraineté, et au bas on lit : « *Boulanger, protecteur* de la République française. »

La commande de cette dernière a été faite par son agent P... (Déposition Giély, Cote 267. *Dép.* p. 28. Cotes 253, 258 et 259.) Le scandale causé par ces exhibitions le forçait parfois a défendre la vente à l'imprimeur (Dépositions Gelez et Giély, Cotes 259 et 267. *Dép.*, p. 119 et 28) ou à simuler une plainte au préfet de police (Cote 910. *Ann.*, p. 116); mais dès le lendemain, il envoyait une de ses créatures pour conseiller secrètement à l'imprimeur d'activer la vente sans tenir compte de la défense. (Dépositions Gelez et Giély, Cotes 259 et 267.)

L'imagerie française ne lui suffisait pas, il ne se faisait aucun scrupule de tirer ses portraits d'Allemagne. On trouve en effet la constatation suivante dans les pièces du dossier de la Ligue des Patriotes :

« Un sieur Borrel, marchand spécial, demeurant impasse Guéménée, 8, a reçu de la maison Seitz, établie à Wanorbeck, près Hambourg, deux types de chromo-lithographies représentant l'un le Général Boulanger à cheval au milieu d'une bataille, et l'autre ne donnant que son buste. » (Dossier de la Ligue, Annexe I, Cote 8. *Ann.*, p. 116.)

Toutes ces dépenses étaient payées sur les fonds du Ministère de la Guerre. On recherchera plus loin si Boulanger avait le droit d'appauvrir ainsi à son profit personnel les caisses de l'armée. De semblables moyens de réclame, permis seulement dans le commerce, furent sévèrement qualifiés, même par quelques-uns de ceux qui soutiennent aujourd'hui Boulanger (*Gaulois* du 29 juin 1886, p. 1, col. 1; Cote 858); mais la masse du public s'y laissa prendre.

Boulanger en même temps se faisait faire de la réclame par la chanson, et les troupes en marche étaient vivement encouragées sinon invitées à chanter « *En revenant de la revue* » comme si c'eût été un chant national.

Ce fut la période de formation du complot. Pendant que l'inculpé travaillait au grand jour à se rendre populaire, il préparait parallèlement dans l'ombre ses moyens d'action. Les détails de ses menées ont échappé en partie à la justice, mais l'ensemble est connu, et la démonstration paraît complète.

Ainsi, l'on ne saurait s'expliquer les relations intimes et clandestines d'un général avec des gens condamnés pour vol, escroquerie, ou attentat à la pudeur, s'il ne s'agissait d'ourdir, avec des auxiliaires prêts à tout, quelque œuvre inavouable.

Ainsi, encore, Boulanger n'aurait pas répandu dans le public son portrait orné du titre de Protecteur, s'il n'eût projeté de substituer le pouvoir personnel aux institutions qui nous régissent.

On trouve dans les détails de sa vie intime la révélation de certaines habitudes qui n'appartiennent qu'aux conspirateurs. Il se servait même de ses maîtresses pour donner des rendez-vous ou préparer des conciliabules nocturnes. La lettre suivante en servira de preuve.

Il remercie une femme du cadeau qu'elle vient de lui faire d'une montre et ajoute : « Si Monsieur de S. veut me voir, je pourrai le recevoir demain soir vendredi *au ministère, à onze heures et demie du soir. A cette heure il n'y a personne. Mais il est bien entendu que c'est lui qui désire me voir. Pas d'imprudence, n'est-ce pas ?* G. » (Cote 687. *Ann.*, p. 117.)

Il suffit d'avoir signalé l'existence du complot, on va le voir maintenant fonctionner.

PREMIÈRE PARTIE

LE COMPLOT

A. — *Chute du Ministère.*

Quand Boulanger tomba du Ministère (à la fin du mois de mai 1887), il avait réuni autour de lui des mécontents, des ambitieux et des déclassés en assez grand nombre ; mais cela ne suffit pas pour brusquer la fortune : il faut encore des hommes d'action. De ce côté, on le verra, l'œuvre ténébreuse était accomplie.

Dès l'ouverture de la crise ministérielle (qui dura deux semaines) les agents et les amis de Boulanger opérèrent visiblement d'après un mot d'ordre. Ils crièrent en tous lieux que le départ du Général serait un malheur public, que lui seul avait travaillé au relèvement de l'armée et que seul il pourrait la conduire à la victoire. L'enquête a fait justice de ces faux récits. Boulanger a eu l'art de tout rapporter à lui-même ce qu'avaient fait les autres ; mais à tout prendre, son œuvre est à peu près nulle. Absorbé par la politique, superficiel et de mœurs très corrompues (Cotes 683, 685, 687 *bis*, 689, etc.), il n'a jamais travaillé avec suite. Il suffit de s'expliquer sur les objets dont il s'est le plus vanté. Ses achats d'équipement n'ont répondu à aucun besoin et n'ont été qu'une charge inutile pour le Trésor ; il a choisi avec une rare impéritie l'époque de la construction des baraquements de l'Est, et n'a pas su y loger un seul soldat ; c'est son successeur qui a de ce côté rempli la véritable tâche patriotique (Cote 192. *Dép.*, p. 143). Quant à la fabrication du fusil Lebel, elle n'est nullement due à Boulanger qui n'a reçu livraison effective que de 2.400 fusils, en dehors d'une commande de 30.000 livrés un mois après son départ. (Déposition de M. le général Gras, Cote 217. *Dép.*, p. 61.)

Ses autres prétentions de même nature ont été réfutées par ses propres alliés (*Figaro* du 13 mai 1888. Cote 992.)

Cependant il se fit représenter comme l'homme nécessaire, et dans la campagne qu'il inspira, les admonestations hautaines et les menaces les moins déguisées furent prodiguées au Gouvernement, qui paraissait peu disposé à le rappeler au pouvoir.

C'est ici qu'apparaît Henri Rochefort, en qualité de collaborateur intime du Général. Ce journaliste est trop connu pour qu'on ait à donner des renseignements sur son compte. Depuis longtemps il a érigé en profession la diffamation. Son habitude d'en appeler à la violence remonte à l'époque où il conseillait l'incendie de Paris et l'assassinat des ôtages. Sans doute, la condamnation a été effacée, mais la honte demeure ineffaçable. La conspiration de Boulanger ne pouvant conduire qu'à la guerre civile, Rochefort y avait sa place marquée, à la seule condition, toutefois, de rester caché à l'heure où il aurait poussé les autres en avant; mais ce qui n'est pas explicable chez cet homme dont tout le mondeconnaît la conduite pendant l'invasion, c'est l'audacieuse affectation de patriotisme (Cote 1156. *Ann.*, p. 118), dont il a fait fait preuve dans sa feuille pour prôner Boulanger et pour se rattacher à M. Déroulède, qui jadis lui avait donné des preuves publiques de mépris.

C'est par la production des articles de l'*Intransigeant* que sa coopération a été le mieux établie dans l'instruction; il convient toutefois d'y ajouter qu'au dire d'un témoin honorable, il a prélevé pour sa feuille 100.000 francs sur la caisse du complot et qu'à un autre témoin il a avoué son rôle en ces termes: « Oui, Boulanger a une grande confiance en moi, il ne fait rien sans me consulter » (Cote 272. *Dép.*, p. 327). Les menaces de guerre civile ne l'effarouchaient guère, comme on peut le croire. Il a en effet ajouté : « Faisons toujours cela, nous nous battrons après. » (Cote 890.)

Ce qui démontre clairement cette influence et cette connivence, c'est que Rochefort a toujours annoncé la veille dans son journal ce que Boulanger devait dire ou faire le lendemain ; de même pour toutes les scènes de violence, c'est lui qui a donné le mot d'ordre, qui a provoqué et fixé les rendez-vous.

Ceci va être démontré par des citations textuelles.

Boulanger à peine tombé du Ministère, Rochefort, le sceptique, se fait croyant ; il réclame un sabre sauveur et annonce que Boulanger est l'homme du destin.

Intransigeant du 13 mai 1887. — « On s'imagine facilement la stupéfaction dans laquelle tomberait le pays « tout entier le jour ou on lui annoncerait que le Ministre « actuel de la Guerre a dû céder sa place à un général quelconque.... Alors qu'il suffit de l'annonce de quelques « représentations de *Lohengrin* pour jeter la population « dans une sorte de délire, la priver ainsi du *seul homme* « en qui elle ait confiance et qu'en cas d'attaque elle soit « *disposée à suivre*, ce serait provoquer à des manifestations « auprès desquelles celles de l'Eden n'auraient été que des « amusettes. » — Henri Rochefort. (Cote 887.)

Intransigeant du 20 du même mois. — « *Malheur aux* « *traîtres*.... Eh bien, si ces flibustiers osaient afficher la « prétention d'afficher un cabinet d'où le Général Boulanger « serait exclu, nous les attendons à cette *trahison nationale*.... et les politiciens.... s'imaginent que le peuple « ne *vomirait* pas avec toute sorte de haut-le-cœur, les « drôles qui tenteraient de mettre leur couardise et leur « vénalité à la place de l'énergie et du désintéressement « que personne n'a osé contester jusqu'ici à celui qui était « hier Ministre de la Guerre et qui ne peut manquer de « l'être de nouveau demain. Ce n'est pas seulement à Paris, « c'est sur toute l'étendue du territoire français que le « maintien du Général Boulanger est demandé à grands « cris. »

Suit un tableau de l'invasion pour le cas où le Général Boulanger ne serait plus au pouvoir et cette conclusion : « *Nous ne le tolérerons pas.* » — Henri Rochefort. (Cote 886.)

Boulanger fut remplacé au Ministère le 30 mai. Aussitôt des protestations furent organisées ; des modèles de pétition furent imprimés. (Cotes 1096 et 1096 *bis*. *Ann.*, p. 119.) Quelques-uns contenaient les calomnies les plus odieuses contre le Gouvernement :

« Les citoyens soussignés, y disait-on, répudient la politique des hommes qui, maîtres du pouvoir, ont recherché l'appui de l'Allemagne, qui n'ont su que s'agenouiller devant le chancelier allemand.» (Cote 1134. *Ann.*, p. 120.)

Boulanger remercia. On lui envoya des télégrammes dans lesquels l'esprit d'insubordination éclatait à chaque ligne. (Cotes 723, 749, 731, 725, 726, 729, 751, etc.) Il remercia également en donnant à ses réponses la forme de protestation politique. Douze de ses dépêches sont au dossier.

On lui offrit un commandement ; il refusa en disant que sa présence était momentanément nécessaire à Paris pour qu'il *mît ordre à ses affaires*. Il suffit de consulter la déposition de M. le Général Ferron pour se rendre compte de ce qu'étaient ces *affaires*: .... « J'ai offert au Général Boulanger le commandement d'un corps d'armée ; j'étais heureux des intentions du chef de l'Etat à l'égard de mon prédécesseur parce qu'elles étaient conformes au sentiment d'amitié et de reconnaissance que j'avais encore pour lui, sans approuver toutefois les mesures qu'il avait cru devoir prendre pour la mobilisation de nos armées. Le Général Boulanger a répondu à la proposition du commandement qui lui était faite en me priant de le laisser en disponibilité pendant quelques mois, ajoutant qu'il viendrait lui-même me demander un corps d'armée *lorsqu'il aurait mis ordre à ses affaires*. . . . .

« A la fin du mois de juin, le Gouvernement, préoccupé des agissements du Général Boulanger à Paris (le Général recevait à l'hôtel du Louvre un nombre considérable de personnes et était chaque jour accompagné par un nombreux état-major d'officiers dans sa promenade au Bois de Boulogne), m'invita à lui donner un commandement en province. . . » (Cote 192. *Dép.* p. 143.)

Il fut nommé commandant du 13ᵉ corps d'armée à Clermont. Étant donné son passé, c'était une faveur signalée; mais son départ allait mettre fin à ses intrigues et à ses espérances de dictature immédiate. Sa nomination fut donc accueillie non par un remerciement, mais par une protestation.

« *Intransigeant* du 30 juin 1887. — Le Ministère a enfin « pris un parti énergique, il vient de *déporter* le Général « Boulanger. Seulement, comme il lui eût été difficile de « trouver un conseil de guerre pour le condamner à *cette* « *peine afflictive,* on l'a déporté sans jugement.

« On lui a désigné comme *lieu de détention* les monta- « gnes de l'Auvergne où l'on espère que les acclamations « n'iront pas se répercuter. »

L'article était si bien écrit sous la dictée de Boulanger qu'on y trouvait le renseignement personnel. « C'est par « les journaux du soir qu'il a appris sa nomination. »

Au milieu des éloges hyperboliques on découvrait naturellement la menace : « Le 14 juillet approche et la présence du Général Boulanger dans la capitale eût fait retomber les baguettes du feu d'artifice sur le nez de ceux qui l'auraient tiré. . . » (Cote 878.)

Des juges impartiaux, devenus depuis lors ses alliés, appréciaient durement l'attitude de Boulanger et semblaient bien se rendre compte de ses mobiles secrets :

« Il y a une agitation autour du nom du Général Bou- « langer, disait le *Soleil* du 25 mai ; il y a une question « Boulanger, c'est déjà trop. . . pour tout dire, *c'est un pro-* « *cédé absolument révolutionnaire*. . . . et ils aggravent encore « cette impression en *nous menaçant d'une émeute*. . . . . » (Cote 884.)

Rochefort en effet continuait à présenter au public l'hypothèse très claire d'un soulèvement:

Intransigeant du 23 mai. — « Le Général restera « Ministre parce que *le peuple l'a décidé;* mais il ne peut « rester que s'il continue à être *maître* de ses mouvements, « de sa pensée et de ses plans; et les volontés que les « conspirateurs rêvaient de lui faire subir, *c'est lui qui les « imposera.* » Henri Rochefort. (Cote 885.)

B. — *Séjour à Clermont-Ferrand.*

La main de Henri Rochefort apparaît nettement lors de l'arrivée du Général Boulanger à Clermont. En effet, le premier habitant de cette ville qui souhaite la bienvenue au général le fait au point de vue politique. Il est complètement inconnu de Boulanger, mais c'est l'ami intime de Rochefort, le sieur Baillière, ancien fonctionnaire de la Commune, compagnon d'évasion du directeur de l'*Intransigeant*, il va devenir immédiatement le familier du quartier général et l'agent du commandant du corps d'armée. (Rapport Sérane, Cote 513, et Déposition Sérane, Cote 516. *Dép.*, p. 321.) .

Du reste, à ce moment, le complot était entièrement organisé et il fonctionnait. Si l'on avait besoin de recruter des affiliés en province, rien, à cet égard, ne faisait défaut à Paris. A côté de Rochefort, coryphée de la secte révolutionnaire, se tenait Dillon, partisan résolu de la Monarchie, et des comparses partis des points les plus opposés avaient été habilement réunis par eux.

Dillon (Arthur), fils de Pierre Dillon et d'Adèle Poidevin, a été lieutenant de cuirassiers. C'est en 1868 qu'il s'est avisé, sans cause connue, d'ajouter à son nom le titre de comte au bas de lettres missives. Dès cette époque il a été l'objet d'une plainte assez grave de la part d'un créancier. Démissionnaire en 1869, il a repris du service en 1870, mais paraît n'avoir pas fait la campagne, car trois ans plus tard, en portant plainte contre lui, un créancier dit l'avoir hébergé pendant la guerre aux environs du Mont-Saint-Michel.

Sa nomination de capitaine, due à une promesse qu'il ne voulut pas tenir, souleva des protestations et, lors de la revision des grades, la note ci-après fut placée à son dossier : « Officier à ne pas conserver, n'a jamais paru au régiment. »

Il devint par la suite chef d'escadrons dans l'armée territoriale. En 1878, il fut déféré à un conseil d'enquête sur les indications d'un officier de cavalerie (le marquis de L...), comme s'étant paré de son titre militaire pour faire des opérations avec des marchands de chevaux anglais. Les renseignements recueillis alors sur son compte furent des plus fâcheux. « Il donne, disait-on, son adresse rue ....., mais il n'y va que pour retirer ses lettres et cache son domicile réel pour se soustraire aux poursuites de ses créanciers. Ceux-ci l'accusent de déloyauté; son honorabilité est gravement compromise. »

Ce conseil d'enquête le déclara absous sur le point principal; mais la vie privée de Dillon ne fut pas jugée conforme à ce qu'exige la dignité d'un officier; il fut, en conséquence, suspendu pour un an. Peu après il donna sa démission.

Depuis lors, il paraît avoir appartenu au monde des affaires, et s'être enrichi par un mariage. (Cotes 484, 485, 272, et Dossier annexe 3. *Ann.*, p. 69, 268 à 286. *Dép.*, p. 327.)

L'action que Dillon exerça sur Boulanger est incontestable; sa correspondance révèle beaucoup d'initiative et d'énergie. Lorsque le commandant du 13e corps venait secrètement à Paris, Dillon le recevait dans des maisons tierces qu'on n'a pu connaître. Il a su plus d'une fois, lors des candidatures inavouées de son ami, le lancer à son gré ou le contenir; il était déjà et il est resté le caissier de l'entreprise. C'est lui-même, assure-t-on, qui a versé à Rochefort une subvention de 100.000 francs. (Cote 272. *Dép.*, p. 327.)

On a découvert une des preuves matérielles de cette organisation ténébreuse dans des circonstances qu'il n'est pas inutile de faire connaître. Boulanger, en apprenant que des poursuites allaient être exercées contre lui, n'eut pas même le courage de retarder sa fuite de quelques heures pour détruire les pièces capables de compromettre ou de perdre ses complices et ses partisans; il se contenta de confier à la hâte à un ancien secrétaire divers paquets et jusqu'à sa cantine d'officier bourrée des preuves de l'embauchage qu'il avait pratiqué dans tout le pays. Le secrétaire confia à son tour les documents à un tiers, lequel les disposa avec un certain art sur les rayons d'une mercerie. C'est là que ces papiers ont été découverts, et au milieu d'eux on a trouvé plusieurs Codes destinés à l'écriture et à la traduction des dépêches chiffrées. Les combinaisons de ces manuels avaient été pour chaque exemplaire compliquées de façon à devenir indéchiffrables, et des notes manuscrites de Dillon font remonter à celui-ci l'honneur de ce savant agencement. (Cote 1089. *Ann.*, p. 122.) Il faut ajouter que chaque exemplaire portait à la première page le nom de l'affilié qui devait s'en approprier les signes particuliers. On a trouvé ainsi le code de M. Thiébaud, le code de Dillon, le code de M. Deroulède, etc. (Cotes 1090 à 1095.) A l'intérieur de la couverture figuraient, au crayon, les noms de guerre ou de convention qu'on devait employer pour les adresses. M. Thiébaud devenait ainsi Mme X... (c'est, dit-on, sa belle-mère); M. Deroulède prenait le nom de Flachon, ou s'appelait soit Mlle Maldagne, soit Mlle Prudence Biausse; Boulanger signait parfois Georges, mais le plus souvent *Spes*, ou *Crimée*, ou *Jeanne*, ou *Emile*.

Quant aux lettres que les adhérents voulaient lui écrire, il fallait avoir soin de mettre l'épître sous double enveloppe, l'une à son adresse, l'autre (l'enveloppe extérieure) à l'adresse de M. Desblancs, 19, rue des Jacobins. (Cotes 270 et 774 *bis*. *Dép*. p. 274).

Boulanger, ainsi outillé et doublé de Baillière à Clermont, s'occupa presque exclusivement de politique. Le 16 juillet, c'est-à-dire six jours après sa prise de possession du commandement, il publiait par l'entremise de M. Laur une lettre-manifeste dans la *France*. La vraie destination de cet écrit n'était pas douteuse : il s'adressait : « Aux Français. » (Cote 1068. *Ann.*, p. 123); mais l'incident causait une grande émotion au Parlement (Télégr. Lé Hérissé. Cote 1067, et dossier Conseil d'enquête, annexe 7. *Ann.*, p. 124), et des explications étaient demandées au signataire. M. Laur lui télégraphiait alors complaisamment :

« *Notre avis* serait que vous feriez bien de ne pas ré-« pondre, *puisque j'ai toute responsabilité*. » (Cote 1064. *Ann.*, p. 125.) Le Général, qui voulait se ménager les moyens de nier, envoyait le télégramme suivant à Flachon (Deroulède) : « Dites à notre ami que lettre publiée par *France* l'a « été sans autorisation du signataire. Spes. » (Cote 673. *Ann.*, p. 125.) Il répondait ensuite avec quiétude à M. Laur : « ..... Je ne bouge pas. » (Cote 1063. *Ann.*, p. 125.)

Dès le lendemain 18, il se préoccupait de donner des gages à ceux qui le servaient bien, aussi envoyait-il au même Flachon cette dépêche chiffrée : « Priez directeur an-« noncer aujourd'hui décoration rédacteur..... *pour récom-« penser article*. Spes. » (Cote 670. *Ann.*, p. 125.)

Presque en même temps, le 20, il proclamait son ingérence dans les affaires électorales :

(Télégramme chiffré.)

« *A Mademoiselle Prudence Biausse.*

« Acceptez-vous résolûment et catégoriquement candi-« dature Meuse ? Répondez-moi vite, oui ou non, afin que « démarches commencent. Spes. » (Cote 669. *Ann.*, p. 126.)

Boulanger s'estimait sans doute déjà maître de la situation. C'est alors qu'un homme politique, qui pressentait la vérité, parla de « Saint-Arnaud de café-concert ». Aussitôt

Rochefort, avec la violence mesurée qui lui est propre, intervertit les rôles et posa la question de sédition militaire :

Intransigeant du 30 juillet : « L'assassin d'Herbinger « (*sic*) fait appel à un véritable pronunciamento contre le com« mandant du 13e corps. A son tour, *le commandant du « 13e corps est autorisé à inviter les soldats à se prononcer « entre lui et le Ministre.* Supposons que, convaincues du « républicanisme et de la droiture politique de leur général, « elles (*les troupes du 13e corps*) *se soulèvent* contre les « provocations qui essaient de détruire toute discipline...... « *quel serait le résultat de ce mouvement*, dont le Gouver« nement aurait l'entière responsabilité ? — Henri Rochefort. » (Cote 869.)

Il fut question d'un duel ; le bruit était grand. A une maîtresse anxieuse, il répondait : « Ma petite..... tu es folle de « te tracasser ainsi. *N'ai-je pas d'ailleurs mon étoile* en « laquelle j'ai toujours confiance ?......» (Cote 681. *Ann.*, p. 115.)

Dillon, qui avait cru l'heure propice, ainsi qu'on le verra plus loin, changea d'avis et réagit contre les ardeurs de Boulanger et contre celles de Rochefort. On lit en effet, dans son télégramme du 3 août, dont le sens est clair, bien que tous les mots n'aient pu être déchiffrés : « Attention sur le type... à la condition que *tu fasses la Belle au Bois dormant*... Le public entier et les cercles comme il faut poursuivent... avec vous seul... les griefs poursuivant vengeance .. *Donc ne bougez pas*... Tu troublerais la cristallisation de la magnifique situation que tu as. *On craint beaucoup que vous ne vous laissiez aller à des explosions passionnées.* — Dillon. » (Cote 603. *Ann.*, p. 126.)

Les projets étant momentanément abandonnés, Boulanger se montra alors sur le territoire de son commandement. Le 3 septembre, il était à Vichy avec une femme (Cotes 700 et 701. *Ann.*, p. 127) ; le 30, à Lyon avec son état-major (Cote 699. *Ann.*, p. 128) ; le 7 octobre, à Saint-Etienne (Cote 698. *Ann.*, p. 130) ; partout il faisait annoncer l'heure de son arrivée, ne traversait les rues qu'en voiture découverte, saluant les curieux; sur son passage, de jeunes garçons vendaient ses portraits; partout les cris de : « Vive Boulanger ! » étaient obtenus. A peine de retour, il se rejetait dans la politique militante en déclarant à deux journaux que le Ministre ne visait que lui dans le procès Caffarel, et que la fabrication du fusil Lebel était interrompue depuis son départ du Ministère. Le mensonge et l'acte d'indiscipline étaient punis de trente jours d'arrêts. (Cote 192. *Dép.*, p. 143.)

Le mois suivant, on chercha à organiser une manifestation à Clermont pour en célébrer la levée (Cote 692. *Ann.*, p. 130); et Rochefort, qui ne pouvait tenir le renseignement que de Boulanger lui-même, ne manqua pas de mettre la dernière main aux préparatifs en annonçant dans un article très violent du 30 octobre que les trente jours d'arrêts expiraient le 13 novembre à « *quatre heures du soir.* » (Cote 868.)

Le Général devait se rendre dès le lendemain à Paris, pour la réunion des commandants de corps d'armée : On se proposa d'organiser des mouvements à l'occasion de sa venue, et l'*Intransigeant* se chargea de préciser l'heure de son arrivée. (Cote 693. *Ann.*, p. 131.) Il ne manquait pas d'exciter au trouble et de menacer le Gouvernement au nom de Boulanger.... « Le travail de classement durera plusieurs jours, et si le Général Boulanger voulait rendre aux mauvais drôles qui le jalousent la monnaie de leurs sales pièces, rien ne lui serait plus aisé que de *se faire acclamer sous leurs fenêtres et même à leur nez...* — Henri Rochefort. » (Cote 868.) Cependant la manifestation avorta. Comment reprendre la campagne d'agitation? L'*Intransigeant*, sans retard, proposa quelque chose. Le numéro du 21 novembre contenait ce titre en grosse lettres : « *Vivre ou mourir* », et voici la fin de cet article : « Au surplus la rentrée du Général Boulanger au Ministère *est inévitable*. M. Grévy, que la popularité de ce patriote faisait sécher de jalousie, serait aujourd'hui.... trop heureux de le reprendre. Les Prussiens ont imposé son départ ; *les Français sont résolus cette fois à imposer son retour.* — Henri Rochefort. » (Cote 867.)

Jamais le général n'a protesté d'un seul mot contre ces outrages adressés dans son intérêt au gouvernement et à l'armée. Il accepta de même le télégramme suivant que lui adressait un de ses familiers, le sieur Laguerre : « Si « nouvelle mesure disciplinaire est exacte, je vous félicite ; « c'est un suprême honneur que d'être frappé par *les « traîtres et les escrocs qui pour peu de jours encore nous « gouvernent.* Affectueuses amitiés. — Georges Laguerre. » (Cote 1051. *Ann.*, p. 131.)

Le complot était donc bien prêt d'aboutir dans l'opinion de ceux qui l'avaient conçu, puisque les simples comparses croyaient déjà l'heure venue de se réjouir de ses résultats.

Boulanger quittait souvent son poste dans l'intérêt de ses projets politiques. Il venait clandestinement à Paris, sans permission, ou même malgré la défense de ses chefs (Cotes 792, 790, 789, 793, 795, 794, 791, *Ann.*, p. 131-134), tantôt déguisé, tantôt affublé de lunettes ou simulant la claudication, tantôt se fiant aux ténèbres. (Cote 1123. *Ann.*, p. 134.)

Quelquefois il disparaissait dans d'autres directions. Ainsi, le 1er janvier 1888, il quitta furtivement Clermont aussitôt après l'heure des visites officielles. Où allait-il ? « Une dépêche signée Guiraut ou Driant arriva de Clermont à Lyon, à l'adresse du chef de la gare Saint-Paul ; elle priait cet employé supérieur de retenir une voiture pour l'heure d'arrivée du train de Clermont. » (Cote 238. *Dép.*, p. 275.) A 8 h. 30 du soir arriva le Général qui fut reconnu, bien que gardant l'incognito. Il était coiffé d'un chapeau gris, mou, dont il avait *baissé les bords*; il portait un pardessus gris. Il monta dans la voiture et se fit conduire à l'hôtel de l'Univers, cours du Midi, où il occupa la chambre n° 22. Il s'y fit inscrire sous le nom de *Solard* (*Louis*), *âgé de 46 ans, propriétaire*, venant de Clermont. (Cote 243. *Dép.*, p. 275.) « Il partit le lendemain matin vers sept heures, *il se fit conduire à la gare de Perrache*, mais on ne sait pas quelle direction il a prise. » (Cotes 238 et 798 *bis*. *Dép.*, p. 275.)

Quelques mois après, « on disait que le Général était venu à Prangins pour rendre visite au prince Napoléon. C'était la rumeur publique à Nyons, qui est mon pays, à Versois et à Genève. » (Déposition Crétigny, Cote 206. *Dép.*, p. 292.)

On verra plus loin que l'alliance a été réalisée, sinon à ce moment, du moins vers la même époque.

Se trouvant sans doute trop éloigné de Paris, il sollicita son changement de résidence, ne put l'obtenir, et ses voyages furtifs en devinrent plus fréquents. (Cote 194. *Dép.*, p. 186.) Quand il descendait à l'hôtel du Louvre, il recommandait de laisser ignorer aux visiteurs sa présence à Paris. (Cote 793. *Ann.*, p. 132.) D'autres fois il ne se montrait pas à son hôtel, et c'était M. Le Hérissé qui lui préparait une chambre en ville. (Cotes 290 et 793. *Dép.*, p. 172 ; *Ann.*, p. 132.) Il écrivait à M. le Ministre de la Guerre des lettres antidatées pour demander une permission alors qu'il était déjà à Paris. (Dossier de la Com. d'enquête.) Certain jour il invoquait comme motif une grave maladie de sa femme ; on se renseignait : sa femme n'était pas malade. (Cote 1081. Dossier annexe 7, et Déposition de M. le général Logerot, Cote 194. *Dép.*, p. 186.) On lui opposait un refus : il partait le soir même, déguisé. (*Ibid.*)

La conséquence s'impose : La vie apparente de Boulanger se pliait forcément aux nécessités de sa vie occulte. C'est la conduite d'un complot qui seule pouvait l'entraîner à de pareils agissements. Au surplus, ses relations politiques ne laissent aucun doute à cet égard ; à son état-major il recevait sans cesse, soit Baillière de la Commune, soit

Morphy l'anarchiste, soit M. Thiébaud, l'émissaire impérialiste. (Cotes 513, 516. *Dép.*, p. 321.)

C'est à cet instant qu'on trouve la première trace des tentatives de corruption de fonctionnaires. Laissons sur ce point parler le commissaire central de police d'Orléans : « J'avais connu M. Thiébaud en 1874, dit-il. Le 11 février 1888, après avoir dirigé un journal légitimiste dans l'Est, il vint à Orléans faire une conférence pour exalter le Général Boulanger. Après la réunion, nous causâmes. Je lui parlai de ma disgrâce.... Il me conseilla de m'adresser au Général, un bon républicain, qui aime les Alsaciens et qui arrivera au pouvoir un jour au l'autre.... Ecrivez, me dit-il, et ayez soin de mettre la lettre sous double enveloppe, etc. » (Déposition Balthazard. Cote 270. *Dép.*, p. 274.)

Le témoin demanda en termes discrets comment M. Boulanger, s'il était vraiment « bon républicain », prenait précisément pour alliés les pires ennemis de la République; M. Thiébaud s'en tira en homme d'esprit, en parlant de l'Alsace et de la Lorraine. (Analyse de la déposition ci-dessus: Cote 270. *Dép.*, p. 274).

M. Thiébaud ne cherchait certes dans M. Boulanger qu'une force destructive au profit de la dynastie dont il était l'ardent partisan; et Boulanger ne pouvait pas l'ignorer. Les ressorts de la combinaison sont apparus à tous les yeux, et M. Thiébaud du reste n'a rien déguisé. Voici ce que déclare à cet égard M. Blandin :

« En janvier 1888, il (Thiébaud) me demanda ce que je penserais d'une candidature du Général Boulanger à la députation (Boulanger était alors inéligible)..... Il me dit qu'il allait le voir à Clermont. »

Un mois après, il me raconta qu'il avait fait un voyage. — Vous êtes allé voir le soleil? Vous avez bien fait de fuir nos brouillards, lui dis-je. — Non, je reviens de Prangins. — Tu connais donc Jérôme? — Oui, il a témoigné le désir de me voir..... Nous avons causé de la *Constitution à améliorer*. Puis brusquement: Vous savez, il ne s'agit plus d'une candidature pour le Général ; nous allons le présenter partout. — Cela vient de Prangins, demandai-je? Thiébaud alors se mit à rire et tourna sur ses talons sans répondre. Quelques jours après il ouvrait la campagne à Reims. (Cote 325. *Dép.* p. 23.)

Des élections législatives étaient fixées au 26 février dans plusieurs départements; des bulletins de vote au nom du Général Boulanger furent distribués partout. Dillon se chargea de conduire l'entreprise, et Rochefort de la nier. Quant au commandant du 13e corps, il se relia au centre par le moyen des dépêches chiffrées. Il n'est pas inutile d'en rappeler ici quelques-unes.

« Au Général Boulanger, Clermont. L'enfant de cœur (*sic*) a écrit à toi que, vu l'impression produite ici par candidatures sous patronage réactionnaire, il est indispensable de demander à Ministre permission *désavouer par lettre* ceux qui ont usé de ton nom ; la campagne pourra être *continuée quand même*. Dillon. » (Cotes 1042 et 1043. *Ann.*, p. 136.)

« 22 février 1888, 5 h. s. Au Général Boulanger, Clermont. J'ai reçu lettre ; je t'attends. Bombe éclatant bouleverse les amis de Paris surpris ; le journal de X... crie « trahison, ne votez pas... » Les autres, plus circonspects, quoiqu'effrayés, se sont abstenus et *venus prendre renseignements* criant : « qu'il démente ou donne instructions. » J'ai répondu : « Du calme... Je prends la responsabilité de « vous dire : il *demeure étranger, mais non indifférent à ce* « *qui se passe*. Ses ennemis faisaient manœuvre pour « l'écraser, nous devons retourner leur ouvrage contre eux « en déterminant *ovation* toute morale dans les 7 dépar- « tements qui ont le droit d'exprimer leurs sentiments ? « *Tel est le mot d'ordre*. » En attendant, amitiés. Dillon. » (Cotes 1044 et 1045. *Ann.*, p. 137.)

Et le surlendemain 24, le Général Boulanger n'hésitait pas à envoyer la dépêche suivante à M. le Ministre de la Guerre : « J'ai été et je demeure étranger à tout ce qui se

« passe relativement aux élections législatives du 26 fé-
« vrier. Général Boulanger. » (Cotes 774, 901, 1160, 1161.)

Puis il se retournait vers ses amis pour les encourager :

« Clermont, 26 février 1888. Au comte Dillon, Neuilly.
« Reçu ta dépêche. Impossible pour dîner samedi, prendre
« dimanche, si tu veux, mais dis-le moi. *Je viens d'écrire*...
« *J'approuve tout.* Amitiés, Georges. » (Cote 1038-39, an-
« nexe 7. *Ann.*, p. 138.)

Télégramme de Dillon : Paris, à Boulanger, Clermont, 26 février : « *Reçu lettre; m'y conformerai* . . . .
« Je verrai demain les chefs des journaux avancés pour
« effacer moi-même un reste de mécontentement et *assurer*
« *accord* pour meilleur parti à tirer des faits accomplis. . .
« Dillon. » (Cotes 1040-41. *Ann.*, p. 138.)

Les élections survinrent et les mêmes personnes parlèrent des résultats comme ils avaient parlé des préparatifs.

Paris, 27 février. Thiébaud à Boulanger, Clermont :
« Permettez-moi de vous féliciter de la magnifique manifes-
« tation qui a été faite sur votre nom..... Nous sommes heu-
« reux pour notre pays *et pour les idées que votre nom*
« *représente* de cette manifestation *spontanée*, à laquelle
« *toutes les opinions* semblent avoir pris part. » (Cote 1030. *Ann.* p. 138.)

Réponse de Boulanger : « J'ai reçu votre télégramme.
« Merci, parfait... *C'est le moment de travailler ferme la*
« *presse.* Georges. »

Ce télégramme portait sur l'adresse « Madame Delouette ». (Cote 1032-33. *Ann.*, p. 140.)

Cette recommandation ne lui semblait pas suffisante; il en adresse une autre à Dillon :

27 février. « Ai appris les résultats; très bons. *Il faut*
« *maintenant travailler ferme la presse* et N.... Amitiés.
Georges. » (Cotes 1036-37. *Ann.*, p. 140.)

Dillon répond le jour même : « J'ai reçu dépêche. *Sois*
« *tranquille, je ferai le nécessaire*, et c'est très facile du
« reste. Lettre suit. » (Cotes 1034-35. *Ann.*, p. 140.)

On craignit le lendemain que ce succès électoral n'eût de fâcheuses conséquences.

Dillon, Paris, à Boulanger, Clermont, 28 février. « On dit « qu'au conseil Ministre ce matin il a été décidé enquête « pour démontrer ta participation aux élections... *Tenons-« nous sur nos gardes.* » (Cote 1028-29, annexe 7. *Ann.*, p. 141.)

On doit supposer que Boulanger avait émis pour ce cas désespéré l'hypothèse d'une démission, car le 29, Dillon lui télégraphie :

« J'ai reçu ta lettre et dépêche. Je me conforme à instructions. Mais c'est *une auréole dont tu ne dois pas te débarrasser* sans circonspection..... Ne brusque rien avant notre réunion et ne pas oublier qu'on te surveille. » (Cotes 1026-27, annexe 7. *Ann.*, p. 141.)

Ce langage était-il celui de gens qui n'ont rien à cacher ?

Cependant d'autres élections législatives étaient fixées au mois de mars ; il tenait à en profiter pour augmenter l'agitation et en même temps conserver *son auréole*. En conséquence, Boulanger, qui était arrivé incognito à Paris, le 2 mars, fit mettre le 3, à la poste de Clermont, une lettre dans laquelle il disait au Ministre de la Guerre :

« D'instantes démarches viennent d'être faites auprès de moi au sujet des élections législatives de ce mois. *Mon désir formel étant*, en raison de la situation que j'occupe et particulièrement à l'époque que nous traversons, *de me consacrer exclusivement à mes devoirs militaires*, j'ai l'honneur de vous demander, pour mettre un terme aux manifestations qui viennent de se produire et qui tendent encore à se renouveler sur mon nom, soit de vouloir bien publier la présente lettre, soit de m'autoriser à en écrire et à en publier une dans laquelle je prierai mes amis de ne pas égarer sur moi des suffrages que je ne puis accepter. — Général Boulanger. » (Cote 774. *Ann.*, p. 141.)

Rochefort appuya. Après avoir reproduit cette lettre dans l'*Intransigeant*, il ne craignait pas d'ajouter :

«.... Nous sommes autorisés à affirmer que, de même « qu'il a été complètement en dehors de la campagne élec- « torale qui s'est terminée le 26 février ; de même qu'il n'a « jamais été mêlé, ni de près, ni de loin, à de prétendus « *complots* exhumés ces jours derniers, le Général Bou- « langer entend demeurer étranger à toutes les manifesta- « tions politiques ou de presse qui pourraient à l'avenir se « produire à l'abri de son nom. » (Cote 899.)

Rochefort est ainsi le premier qui ait laissé échapper le mot de « complot »; c'est la seule chose à retenir de cet article, qui avait pour but de nier l'évidence.

L'action souterraine de ce même Rochefort n'a pu toujours être mise aussi facilement en lumière. Ainsi, il est difficile de comprendre le texte du télégramme suivant :

« Montpellier, 7 décembre 1887. Laguerre, 191, rue « Saint-Honoré Paris. Général ne sera pas encore Paris « vendredi. *Décommande Rochefort* ou arrange soirée avec « lui. Me charge L., j'écris, tendresses. Georges. » (Cote 691 *ter. Ann.*, p. 142.)

Ces dépêches n'ont point été appréciées par le conseil d'enquête, car Boulanger, invité à s'expliquer sur leur contenu, a demandé à ne pas le faire. Mais les fautes contre la discipline, résultant des absences clandestines de Boulanger et de ses refus d'obéissance, parurent suffisantes pour motiver la décision du conseil d'enquête; il fut, à l'unanimité, déclaré coupable de fautes graves contre la discipline, et ensuite mis à la retraite d'office.

Aussitôt, il lança une lettre-manifeste adressée en apparence à ses amis, mais évidemment destinée aux journaux, dans laquelle il altérait hardiment la vérité en disant : « qu'on ne le punissait que de sa popularité, car il n'était coupable que d'être venu voir sa femme malade. » (Cotes 1023-24-25, 1124 et 1127. *Ann.*, p. 143.)

Le sieur Laguerre se chargea lui-même de donner un

démenti au Général ; en effet, le 19, alors que celui-ci était retourné à Clermont, pour son déménagement, il lui expédia un télégramme conçu en ces termes : « Excellentes nouvelles « de l'Aisne et des Bouches-du-Rhône. Lagnel s'est désisté « ce matin en votre faveur. *Petit Provençal* vous appuie « énergiquement ; vous serez élu malgré vous. » (Cotes 1049-50. *Ann.* p. 145.)

Le 20, Dillon lui proposa par dépêches chiffrées un projet de manifeste qu'il venait de rédiger lui-même ; il y était question des « droits qu'a le peuple français », mais on y faisait dire au Général qu'il ne posait pas autrement sa candidature. (Cotes 1016-17-18-19. *Ann.* p. 145-146.)

Sur ce dernier point, Boulanger résista, la discussion prend un certain caractère d'amertume entre eux ; dans ces télégrammes, ils révélèrent l'un et l'autre que depuis quelque temps déjà un comité boulangiste fonctionnait à Paris sous la direction personnelle de Dillon. Boulanger répondit notamment à son ami : « Je reçois à l'instant ta dépêche de « dix heures et demie. Si comité est de cet avis, publiez « manifeste, mais pesez-en bien toutes les conséquences. « Rien ne serait plus funeste que d'avoir l'air de faire une « reculade. » (Cotes 1005, 1006, 1007, 1008, 1009. *Ann.*, p. 146 et 147.)

La discussion continua entre eux pour arrêter le plan de campagne, qui avait un côté visible et un côté occulte. (Cotes 991, 992, 993, 994, 1010, 1011, 1012, 1013, 1014, 1015. *Ann.*, p. 153, 152, 147, 148, 149.)

Il se sentait coupable, puisqu'à propos du conseil d'enquête, l'avant-veille de sa réunion, il écrivait : « Je suis « condamné à l'avance. » (Cote 994. *Ann.*, p. 152.)

Malgré la décision qui l'avait rendu à la vie civile, il ne quitta pas ses allures mystérieuses. « *Trouve-toi*, dit-il à « Dillon, demain matin, *à l'heure et à l'endroit que tu sais*, « et si tu le juges convenable, préviens amis d'être chez toi « à sept heures et demie. — Georges. » (Cote 1024.)

C. — *A Paris, après la mise à la retraite.*

A partir de ce jour, Boulanger est libre, il habite Paris il va adopter franchement les allures d'un prétendant, ne cachant plus que le côté révolutionnaire du but et la criminalité du moyen.

Il est inutile de le suivre pas à pas dans ses mouvements divers. Tout ce qui importe, c'est l'étude de ses machinations au cours de cette période qui s'étend du 1er avril 1888 au 1er avril 1889.

Quelques mots suffiront pour rappeler avec leurs dates les étapes principales de la vie de Boulanger depuis son exclusion de l'armée jusqu'à l'heure de sa fuite, après quoi, il sera intéressant de mettre en lumière les secrets de son organisation,

Boulanger a été nommé député du Nord le 15 avril 1888; il a donné sa démission le 12 juillet.

Le 19 août, il a été réélu dans le Nord, élu dans la Somme et la Charente-Inférieure.

Enfin, le 27 janvier 1889, il a été élu député de Paris.

Il a d'abord habité l'hôtel du Louvre, puis, le 27 mai, il s'est établi dans une maison sise rue Dumont-d'Urville.

Le premier point à examiner est celui des alliances qu'il a contractées afin de s'emparer du pouvoir.

On sait qu'il se servait des anarchistes et des partisans du prince Jérôme Bonaparte; on sait de plus que les royalistes se sont unis à lui avec cet espoir qu'il jouerait à leur profit le rôle de Monck; sa présence dans leurs principaux salons est de notoriété publique. Ses différents alliés, qui ne pouvaient évidemment s'entendre que s'il s'agissait de détruire le Gouvernement de la République, ont formé autour de lui une étonnante coalition. On sait notamment, par la déposition du commissaire de police de Royat, que le concert s'est établi entre Baillière et les bonapartistes du Puy-de-Dôme; un rapport du 17 octobre 1888 apprend que le même rapprochement s'est opéré à Paris: « Plusieurs anarchistes

(Soudey et autres), pressés de questions dans une réunion, n'ont pas nié avoir reçu de l'argent de Thiébaud. » (Côte 738 *ter*.)

Au mois d'avril 1888, une réunion de la « Jeunesse Impérialiste » a été tenue à Ajaccio sous la présidence d'un sieur Léandri dont le nom est fort connu. « Les membres se sont séparés aux cris, à l'intérieur, de Vive l'Empereur! et dans la rue de Vive Boulanger! » (Cote 752. *Ann.*, p. 153.) Le fait était assez significatif par lui-même, Boulanger lui a donné plus de portée encore en écrivant une lettre publique de sympathie et d'adhésion à Léandri. (*Ibid.*)

Une lettre écrite d'Arras et adressée à Boulanger donne de curieux détails sur les tentatives officieuses d'entente entre Boulanger ou ses amis et le prince Victor Bonaparte. (Cote 1107 *bis* et *ter*. *Ann.*, p. 159, 155.)

Le commissaire spécial de police de Pontarlier a reçu d'une personne très sûre et très honorable les renseignements ci-après :

« Les pourparlers entre boulangistes et jérômistes se sont poursuivis. Les premières avances étaient faites par Jérôme et M. Pascal, son homme de confiance; elles échouèrent. M. Pascal en fut très affecté, d'autant plus qu'à cette époque le prince, mécontent, lui refusa le prêt d'une faible somme dont il avait le plus urgent besoin; ceci n'est peut-être pas étranger à son suicide qui suivit de près.

« Ensuite, le prince Jérôme s'adressa au père Hyacinthe, sur la diplomatie duquel il comptait beaucoup. La nouvelle démarche auprès du Général Boulanger échoua également.

« Cependant l'impression fut profonde chez le Général qui, après les insuccès de la Charente et de l'Ardèche, chargea M. Thiébaud de renouer les négociations. On n'aboutit pas encore, et, enfin, c'est M. Maurice Richard qui contracta l'alliance. Depuis, celui-ci allait sans cesse de Paris à Prangins. » (Déposition Gallay, Cote 519 et 520. *Dép.*, p. 130.)

Le Général Boulanger ne s'en tint pas là. Assuré d'avoir pour coalisé, à l'intérieur, les ennemis de la République, il rechercha des adhésions à l'étranger, jusqu'en Allemagne. Un récit instructif a été fait à cet égard par un important publiciste de Berlin à un Français dont la sincérité ne peut être révoquée en doute.

M. Bleichrœder, de Berlin, était à Cannes, en vacances. Deux étrangers se placèrent près de lui, et après avoir vainement cherché un tiers qui les présentât, engagèrent directement la conversation. L'un d'eux se nomma, c'était M. de Cyon. Il ne cacha pas que sa démarche était entreprise au nom du Général Boulanger, que celui-ci désirait entrer en rapport avec M. Bleichrœder, et par ce dernier avec le prince de Bismarck.

Puis il s'expliqua : M. Boulanger voulait faire savoir au chancelier quel était le but de l'agitation actuelle (mars 1889).

Il ne s'agissait nullement de renverser la République, mais *simplement de constituer une République consulaire avec consulat à vie*, ministres responsables seulement envers le consul, Conseil d'Etat préparant les lois et les soutenant devant le Corps législatif destiné à les voter sans discussion, etc.

M. Bleichrœder se récusa, déclina la mission dont on voulait l'investir, ajouta qu'une démarche directe serait préférable, battit froid et coupa court. L'émissaire revint plusieurs fois à la charge sans plus de succès. (Déposition de M. F. de Pressensé. Cote 167. *Dép.*, p. 263.)

M. de Cyon conteste. (Cote 193. *Dép.*, p. 265.) M. de Cyon est un Russe qui s'était fait naturaliser Français et qui a récemment répudié notre nationalité pour redevenir Russe, conseiller d'État à Pétersbourg et habitant Paris. Ses dénégations n'ont pas, à beaucoup près, la portée qu'il voudrait leur donner. Ainsi, après avoir déclaré qu'il n'était pas allé à Cannes, il a reconnu avoir causé avec M. Bleichrœder, qui y était ; et, après avoir affirmé que la conversation n'avait pas été tenue, il s'est décidé à l'admettre en se bornant à la traiter de plaisanterie. Enfin il avait dit d'abord être allé de ce côté sans compagnon de voyage, et il a ajouté par mégarde que son compagnon avait plaisanté comme lui-même de cette conversation. (Cote 193. *Dép.*, p. 265.) Le récit de M. F. de Pressenssé reste donc à l'état de fait acquis.

Boulanger a vainement soutenu et fait soutenir qu'il ne voulait arriver au pouvoir que par les voies légales. Le consulat à vie, qu'il brigue, ne peut assurément être obtenu qu'à l'aide d'une révolution ; de même le suffrage universel ne peut être, dans l'état de nos lois, consulté sous forme de plébiscite, et c'est pourtant ce que fait Boulanger en se présentant quand il est inéligible, en se démettant quand il est élu, en multipliant les candidatures au lieu de siéger, le tout dans le seul but de totaliser les voix obtenues dans les différentes parties de la France et de se déclarer le candidat universel. On peut ajouter qu'un général exclu de l'armée ne saurait, sans devenir un factieux, annoncer qu'en cas de guerre il commanderait en chef les troupes françaises ; de même qu'un citoyen, quel qu'il soit, n'a pas le droit de songer, en février 1889, à ouvrir au mois de mai l'Exposition en qualité de chef de l'État, alors que les pouvoirs du Président ne prennent fin légalement qu'en 1894. Il en résulte jusqu'à l'évidence que Boulanger voulait changer l'ordre de choses établi ; et comme il n'existait aucun moyen légitime d'atteindre ce but, il projetait de réaliser son plan par l'exécution d'un coup de force.

Les alliances indiquées plus haut suffiraient à dissiper le doute à cet égard.

Un autre point non moins important est à examiner ici : celui de l'origine des fonds. Boulanger a disposé, comme conspirateur, de sommes considérables ; comme homme, il a mené la vie la plus fastueuse. Or, le fait est indéniable, il n'a pour ressources avouables que sa pension de retraite. D'où lui vient donc cette richesse mystérieuse qui lui permet de subventionner un nombreux personnel de serviteurs et de familiers, de fonder et de soutenir des journaux, de faire face aux frais écrasants d'élections multiples, et de mener en outre une existence princière ? Il n'a jamais essayé de lancer d'explication à cet égard par ses porte-paroles habituels. Il y a mieux. Un rapport confidentiel permet de croire que sur ce sujet son embarras est grand. Ce rapport (qui porte la Cote 845. *Ann.*, p. 160) est ainsi conçu : « Je suis allé chez le Général Boulanger. Je lui ai dit qu'il était sympathique au public, mais que son entourage lui faisait du tort.

« Il m'a avoué recevoir de l'argent des réactionnaires et être très ennuyé des questions des journaux sur la provenance des fonds. »

Il paraît établi que cette caisse s'est formée à l'époque de la mise à la retraite. Jusque-là Boulanger, Dillon et Rochefort en étaient à la période peu coûteuse de l'organisation, et les fonds nécessaires aux élections du 26 février auraient été, disent les rapports, apportés par M. Thiébaut. Après le retour définitif à Paris, les choses changèrent ; quelques renseignements intéressants ont été recueillis.

« Dès le mois d'avril, M. D..., député impérialiste de l'Oise, parlait sans ambages de l'alliance avec M. Boulanger : « Avant un an, disait-il, il sera au pouvoir. Il a 800.000 fr. en caisse. Il aura une police à lui... — Et vous marchez avec lui ? demanda son interlocuteur ? — Parbleu ! » (Déposition de M. Allibert, Cote 272. *Dép.*, p. 327.)

A la même époque une note confidentielle était remise à la Sûreté générale avec la curieuse indication ci-après : « Le consul d'A... à Marseille, parlant à son collègue d'A... au sujet du Général, lui a dit ce qui suit : « On a acquis la certitude à Berlin que le Général a reçu du prince Jérôme la somme de................ On se demande la source de cet argent, étant donnée la pauvreté de ce prince... L'enquête se poursuit à Berlin pour connaître la provenance de cette grosse somme qui fait du Général le fidèle du prince. » (Cote 769. *Ann.*, p. 161.)

Un autre rapport est ainsi conçu : « J'ai vu hier l'ami intime de M. S.. M..., qui m'a dit : Nous avons reçu d'Angleterre, il y a vingt-quatre heures, plus de 200,000 francs et nous en recevrons bien davantage. » (Cote 844. *Ann.*, p. 161.)

On lit encore dans un rapport qui remonte à la même époque :

« Il se confirme que le comte Dillon a réellement formé un syndicat financier à l'étranger pour soutenir le Général. » (Cote 735 *bis* et 847. *Ann.*, p. 162.)

Le parquet reçut avis que des fonds arrivaient d'Angleterre au Comité Boulanger dont le caissier est Dillon; l'expéditeur désigné était le banquier M......., et le correspondant de Paris était le banquier G. Celui-ci fut donc cité comme témoin. Sa déposition devait très vite dissiper le doute dans un sens ou dans l'autre ; loin de là. Invité à prêter serment, le témoin déclara que ses opinions de libre-penseur ne lui permettaient pas de le faire. La Commission fut alors dans la nécessité de ne pas l'entendre, et le sieur G. emporta son secret avec lui. (Cote 510. *Dép.*, p. 324.)

Il en est un autre qui n'a pu éviter de parler : c'est le sieur Vergoin, dont Boulanger a fait son ami. Trois témoins ont recueilli son aveu. Il convient de laisser la parole à l'un d'eux, M. Cressigny, ancien officier, chevalier de la Légion d'honneur, conseiller municipal de Versailles :

« Notre comité radical se réunit tous les mois. A la réunion de novembre 1888, M. Vergoin assistait comme député du département. On a parlé du Général Boulanger. Il l'a représenté comme plus occupé des questions militaires que de la politique. Le docteur Rogues l'a interpellé sur la provenance des fonds. M. Vergoin a répondu qu'ils provenaient d'abord de M. Dillon, lequel avait prélevé un tiers de sa fortune pour fournir au Général *les moyens d'atteindre le but qu'il se proposait;* puis des envois arrivant de partout.... C'est alors que la question lui a été posée si, parmi ses fonds, il n'y en avait pas de provenance étrangère. *Il a répondu affirmativement*, en déclarant toutefois que les envois ne venaient pas de l'Allemagne, pas même de l'Angleterre ni des prétendants expulsés. A ce moment, M. Guétonny, l'adjoint, qui s'était contenu à grand'peine, éclata et s'écria qu'un général français qui acceptait de l'argent de l'étranger pour jeter le trouble dans son pays était véritablement indigne. M. Vergoin parut regretter de s'être *autant avancé* et d'avoir parlé avec *autant de franchise* ». (Cote 207. *Dép.*, p. 193.)

M. l'adjoint Guétonny confirme ce récit et ajoute : « J'eus alors une discussion violente, il (Vergoin) *parut regretter d'en avoir tant dit.* » (Cote 208. *Dép.*, p. 195.)

Un peu remis de son alerte, le sieur Vergoin a tenté ensuite de se rectifier : « Je n'ai pas voulu dire que l'argent venait de l'étranger, s'est-il récrié, mais de personnes étrangères ». C'était assez peu admissible, puisqu'il venait d'excepter l'Allemagne et l'Angleterre des pays d'expéditions d'argent ; M. Rogues, médecin-major en retraite, lui donna sur ce point un démenti en lui rappelant sa phrase, et les deux autres témoins appuyèrent leur collègue, avec énergie. (Cote 209. *Dép.*, p. 194.)

L'administration des postes a fourni le relevé de toutes les lettres chargées reçues par Boulanger depuis le 1er janvier 1888 jusqu'au mois d'avril 1889. Il est probable que ces lettres contenaient presque toutes des articles d'argent, car la correspondance des affiliés et les adhésions des fonctionnaires ne sont pas venues sous forme de plis recommandés. Quoi qu'il en soit, les envois chargés sont établis comme suit :

Total général pour les quinze mois : 1275 envois. La France figure pour 1157, l'étranger pour 118. Les 118 envois étrangers se décomposent en : 27 de Russie, 19 d'Angleterre, 14 d'Italie, 11 de Belgique, 11 d'Égypte et Turquie, 3 de l'Amérique du Nord, 5 de l'Amérique du Sud, 7 de Suisse, 5 de pays non désignés, 4 de Grèce, 4 d'Espagne, 3 d'Autriche, 1 de Suède, 1 de Danemarck, 2 de Nouméa, 1 d'Allemagne.

Plusieurs rapports de police et la rumeur publique

attribuent à un ou deux riches capitalistes des États-Unis des subventions très importantes dont Boulanger aurait bénéficié, et qui lui seraient parvenues sous formes de dons manuels. La démonstration n'a pu en être faite ; mais il est facile de comprendre à quel point ces faits sont insaisissables ; la preuve en est presque toujours impossible.

Quand Boulanger fut installé dans son hôtel de la rue Dumont-d'Urville, il affecta très nettement l'attitude d'un aspirant à la dictature. En dehors de la notoriété publique, qui sur ce point pourrait suffire, on a des renseignements précis dans le dossier. Rappelons à titre d'exemple la déposition d'une dame Guérin :

« En octobre 1888, je suis allée recommander quelqu'un au général Boulanger... et j'y suis retournée plusieurs fois.

« Il recevait trois fois par semaine, c'était par centaines que se comptaient les visiteurs. Il y avait du monde dans toutes les pièces de la maison jusqu'au troisième étage ; la rue était pleine de voitures. On y faisait d'abondantes distributions d'argent.

« Des personnages appartenant à l'armée y étaient reçus ouvertement... Un jour j'ai vu un matelot. J'y ai vu aussi deux professeurs ecclésiastiques amenant une quinzaine de jeunes gens. Des religieuses venaient aussi fréquemment.

« Je crois pouvoir affirmer qu'il y avait dans une partie de la maison un certain nombre d'hommes composant pour ainsi dire la garde du corps du Général. » (Cote 324. *Dép.*, p. 190.)

Les rapports de la police ont été très précis en ce qui concerne cette garnison de la rue Dumont-d'Urville : « La garde du corps du Général Boulanger (c'est ainsi qu'on appelait la troupe d'hommes chargés de veiller à sa sécurité) avait été renforcée (en janvier 1889) et portée de cinq à quinze hommes. Elle se tenait rue de Lapeyrouse, derrière l'hôtel. Ces hommes, qui étaient en permanence toute la journée, recevaient du vin et des jeux pour se distraire. Deux surveillaient les abords de la maison du Général. » (Déposition Bureau. Cotes 286 et 841 *bis*. *Dép.*, p. 191, et *Ann.*, p. 162.)

Les moyens de réclame ont déjà été passés en revue partiellement tout au moins; à partir d'avril 1888, on les multiplia dans des proportions incroyables. Un fait à titre d'exemple :

« ....Le matin du marché, on recevait à Castres un ballot de *28.000 portraits* du Général Boulanger. Le soir, près de 20,000 étaient vendus. » (Cote 827. *Ann.*, p. 163.)

Des imitations de pièces de 5 francs à l'effigie de Boulanger avaient été répandues. (Cotes 982, 1149, 1152. *Ann.*, p. 255, 259) ; l'idée fut perfectionnée :

« Le 10 février 1889, au Salon des Familles... on a fait circuler des pièces de 10 centimes à l'effigie de Napoléon III transformé.

« La figure de l'ex-empereur est ornée d'une barbe taillée en pointe, la tête est coiffée d'un képi de général, de telle sorte qu'on croirait voir le Général Boulanger.... Une des pièces a été offerte à M. Deroulède qui en a commandé plusieurs autres. » (Cote 832. *Ann.*, p. 167.)

Cependant il semblait nécessaire d'augmenter le bruit et de lui donner les apparences de l'enthousiasme. En conséquence, les inculpés recrutèrent ou firent recruter un personnel de camelots et de gens sans aveu, chargés d'acclamer le Général dans ses promenades et dans ses voyages. Les différentes constatations de ce fait vont être rappelées ci-après dans leur ordre chronologique :

— « 30 octobre 1888. — C'est au café de la France, rue du Croissant, qu'on embauche les camelots pour les manifestations boulangistes.

« C'est Morphy qui dirige l'embauchage et c'est Labruyère

qui paye. Pour les coups de poing donnés ou reçus, 2 francs environ; pour les vêtements déchirés, ils sont remplacés.

« Les camelots sont disposés sur le passage de Boulanger et chargés de pousser des exclamations.... » (Cote 737. *Ann.*, p. 167.)

Autre renseignement : — « 9 novembre. On apprend que le comité central boulangiste va envoyer prochainement des équipes dans une vingtaine de départements pour préparer le terrain en vue des élections. » (Cote 735. *Ann.*, p. 168.)

En suivant l'ordre des dates :

— « 15 décembre. — Voici quelques renseignements rétrospectifs sur la façon dont la campagne boulangiste fut organisée dans le département de la Somme.

« Les camelots étaient embauchés par le comité de la rue de Sèze à raison de 4 francs par jour et on leur avait promis moitié des bénéfices sur la vente des papiers ; le premier jour, à Amiens, on avait embauché environ 300 hommes. C'est Canada, dont le vrai nom est Charles Bourdon, qui conduisait le mouvement.

« Le jour où devait arriver le Général Boulanger dans la Somme, 300 à 400 hommes furent recrutés au même taux pour aller au devant de lui avec des trophées de drapeaux fournis par le comité boulangiste.... Le bouquet fut présenté au Général par une personne embauchée à cet effet. » (Cote 734. *Ann.*, p. 168.)

— « 11 janvier 1889. Les camelots qui ont été embauchés... auront pour mission d'acclamer le général dans les réunions publiques.

« Ils seront divisés par sections; ces sections marcheront à tour de rôle, de manière qu'on ne voie jamais les mêmes hommes et que les agents ne puissent les reconnaître..... Les camelots ont l'ordre d'acclamer le Général et de manifester en sortant... » (Cote 846. *Ann.*, p. 169.)

« 18 janvier. — Les boulangistes préparent de grandes manifestations pour le samedi 26 et surtout pour le dimanche 27 dans la soirée si le Général est élu. De toutes parts les comités embauchent des camelots pour lancer des cris... » (Cote 843. *Ann.*, 169.)

« 19 janvier. — Le comité a décidé l'embauchage d'individus qu'on payera 5 francs par jour pour se disputer dans les restaurants où mangent des ouvriers : ils seront aussi chargés à l'arrivée des trains ouvriers de provoquer des rassemblements et de soulever des discussions dans lesquelles ils feront de la propagande en faveur du Général.

« M... a prié C... de lui procurer des gens pour faire cette besogne et de les envoyer chez le comte Dillon. » (Cote 842. *Ann.*, p. 170.)

— « 24 janvier. — Les camelots enrôlés pour acclamer et manifester recevaient des tickets de couleur à l'aide desquels ils allaient se faire payer dans certains bureaux de journaux. J'ai eu un de ces tickets en ma possession. » (Déposition Bureau. Cote 286. *Dép.* p. 191.)

— « 25 janvier. — .....Un grand nombre de camelots se sont rendus à Neuilly chez le comte Dillon. Il leur a été recommandé de ne pas se contenter de distribuer leurs brochures, mais encore de faire de l'agitation par tous les moyens ; ils seront payés 6 francs par jour. » (Cote 841. *Ann.*, p. 170.)

— « 26 janvier. — .....1.800 individus ont été embauchés par MM. Dillon et Deroulède pour surveiller les sections de vote et au besoin fomenter du désordre. » (Cote 840. *Ann.*, p. 171.)

A ce moment Boulanger lui-même chargea Morphy de faire représenter *Michel Strogoff* au théâtre de la Gaîté-Montparnasse et de veiller à ce qu'une vingtaine de gens sûrs confondissent son nom avec celui de la Russie dans leurs acclamations. (Déposition Garigue. Cote 204. *Dép.*, 296.)

Rochefort voulut rivaliser de zèle avec Morphy. Il donna 125 francs à des camelots pour aller ce même soir (27 janvier) au théâtre Montparnasse et crier : « Vive la Russie ! Vive Boulanger ! » (Cote 839. *Ann.* p. 172.)

Ces ordres furent exécutés et le lendemain, Rochefort écrivit du ton le plus sérieux dans l'*Intransigeant* :

« Hier soir, au théâtre Montparnasse, on jouait *Michel Strogoff*. Au tableau de la bataille de Koliban, *dans la salle imprégnée de l'odeur de la poudre, une manifestation se produit*. Trois fois le rideau se relève au cri de : Vive la Russie ! Vive Boulanger ! » (Cote 904.)

Ce système, qu'il est inutile de qualifier, a toujours été suivi. Le 7 avril 1889, alors que Boulanger était déjà réfugié en Belgique, ses lieutenants agissaient de semblable façon dans son intérêt. MM. Laisant et Laguerre, en tournée dans la ville de Rouen, se procuraient par le même moyen les « acclamations. » Sept habitants de cette ville ont été entendus comme témoins et l'ont affirmé en termes formels. (Dépositions des sieurs Crétot, Massue, Héry, Langlois, Quesne, Poulain, Barbot. Dossier de Rouen. Cotes 818 à 826. *Ann.*, p. 172 à 181.)

Deux citations suffiront :

« Crétot, pâtissier. — Vers trois heures et demie de relevée, j'ai vu des messieurs qui sont descendus des voitures qui étaient stationnées devant l'hôtel de Paris distribuer de l'argent aux personnes qui tendaient la main. Pendant cette distribution, on criait : Vive Boulanger ! Vive Laguerre ! . . . . .

« A six heures et demie, lorsque M. Laguerre est arrivé par la gare d'Orléans, j'ai vu des personnes courir après la voiture dans laquelle il se trouvait et tendre la main. On leur a encore donné de l'argent, des pièces blanches. »

« Quesne, journalier. — Vers onze heures, M. Laguerre est sorti du banquet qui avait lieu au château Baubé et nous a fait signe d'approcher. Il nous a dit tout bas d'aller voir au bout du pont si les cris « Vive Laguerre ! » étaient plus nombreux que les sifflets. Barbot et Poulain y sont allés. Je dois vous dire qu'au préalable, il nous avait donné de l'argent, 2 francs chacun.

« Quand Barbot et Poulain sont revenus et qu'ils lui ont

dit que les sifflets étaient plus nombreux que les cris « Vive Boulanger! Vive Laguerre! » il a paru contrarié et a dit : « On passera par Saint-Sever. » Nous avons crié : « Vive Laguerre! »; il a mis la main à la poche et a donné 5 francs à celui qui était le plus près de lui; c'était Barbot. Il a ajouté : « Suivez la voiture jusqu'à l'hôtel de Paris, vous aurez un pourboire. »

Parfois, ces enthousiasmes de commande affectaient un caractère menaçant :

— « La Rochelle, 1er août 1888. — Préfet à Ministre Intérieur. Je suis informé que camelots et agents boulangistes se proposent, à Saintes, dimanche et lundi, jours de foire, de proférer cris « A bas Carnot! » et manifester par groupes devant sous-préfecture en criant « Vive Boulanger! » ..... Vous prie faire donner ordres nécessaires pour que le commandant du corps d'infanterie de marine en garnison à Saintes soit autorisé à consigner ses hommes, etc. » (Cote 745. *Ann.*, p. 180.)

Parfois aussi l'organisation des manifestations dites spontanée n'était que puérile. Ainsi, quand Boulanger fit à Lisieux le voyage dont il sera parlé plus loin, ses amis prirent la petite fille d'un menuisier qui jouait sur le trottoir, la portèrent à l'intérieur de l'hôtel, lui mirent dans la main un bouquet tenu en réserve, et c'est ainsi que Boulanger reçut « une députation de jeunes Normandes. » (Cotes 273, 274. *Dép.*, p. 249 et 255.) Ainsi encore, les camelots furent enrôlés pour simuler l'enthousiasme populaire au mariage de sa fille. « On avait avisé ces derniers (dit un rapport) que le choix serait fait parmi les mieux mis; ils devaient être échelonnés sur le parcours du cortège, et une vingtaine partirent sous la conduite d'un de leurs chefs nommé Béquillar. » (Cote 736. *Ann.*, p. 181.)

On signala à la même époque un autre fait de même nature mais plus grave : l'organisation d'une contre-police par Boulanger. Le fait fut signalé en ces termes au Gouvernement : « C'est M. D. de L. qui est le chef de la sûreté du

Général. Il se remue énormément et groupe autour de lui des gens déterminés et dévoués. » (Cote 834 *bis*. *Ann.*, p. 162.)

Le bruit factice existait; les auteurs du complot étaient prêts; il n'y avait plus qu'à faire disparaître le dernier obstacle en corrompant secrètement les fonctionnaires et en se créant partout des intelligences occultes. C'est à cette œuvre détestable de démoralisation que Boulanger s'est consacré pendant plus d'une année.

Au même instant où on le rencontre donnant de l'argent pour encourager une grève (Cote 743. *Ann.*, p. 182), il sollicite les soldats de l'armée et les agents des administrations civiles de trahir leur devoir et de se faire ses complices.

Le 19 décembre 1888, il envoie par son secrétaire une lettre à M. Goron, chef de la Sûreté. M. Goron est Breton comme lui; comme lui, ancien militaire; il l'a traité familièrement pendant son Ministère, s'en est fait presque un ami. (Déposition Goron, Cote 179. *Dép.*, p. 280.) — Ce sera, croit-il, une proie facile. Et la conquête ne sera pas mince, car si le chef de la Sûreté consent à trahir ses devoirs, l'inititiative de la Préfecture pourra être paralysée à un moment décisif. Voici cette lettre, dont chaque ligne décèle le complot :

« A Monsieur Goron, chef de la Sûreté, quai des Orfèvres. — Monsieur, le Général me prie de vous dire qu'il désirerait vous voir et causer quelques instants avec vous. Pour cela, vous n'avez qu'à venir *à la tombée de la nuit* et vous présenter *sans donner votre nom aux domestiques*. Voulez-vous être assez aimable pour indiquer le jour où vous pourriez venir, et l'heure exacte, *pour que le Général donne des ordres en conséquence, de façon que personne ne vous voie*.

« Veuillez agréer, Monsieur, l'assurance de ma considération la plus distinguée. — Breuillé, secrétaire particulier du Général Boulanger. » (Cotes 732-33. *Ann.*, p. 182-83.)

M. Goron, pour toute réponse, remit le jour même cette lettre à son chef.

Exactement à la même époque, Boulanger convoquait chez lui les officiers de l'armée territoriale par une lettre autographiée, véritable circulaire, dont le *XIXe Siècle* avait donné un exact *fac-simile* et dont un original est au dossier. (Cotes 177 et 177 bis. *Dép.*, p. 164.)

Toujours au mois de décembre (1888), il faisait racoler les soldats dans la rue. Écoutons le témoin Chastanet, qui vient d'être libéré du service militaire : « ...... Un dimanche soir je me promenais avec Estourgies, caporal dans la même section que moi. Aux environs de la place de la République, deux civils nous accostèrent et nous proposèrent d'aller boire avec eux. » Ces individus examinaient les enseignes des marchands de vin comme s'ils cherchaient un établissement désigné. « Entrons ici, disaient les soldats. » — « Non, plus loin. » Enfin, ils trouvent la maison, ils entrent. « Alors, un d'eux, qui se disait journaliste, nous questionna sur le Général Boulanger, il nous demanda si nous l'aimions, et insista pour nous faire déclarer boulangistes. » Les militaires résistaient, les inconnus dirent : « C'est que nous le sommes, nous. En 1889, il y aura une révolution faite par Boulanger. Il y aura des mouvements à Paris, vous ne tirerez pas sur nous. Nous serons en tête, vous nous reconnaîtrez ; regardez-nous. » Ils parlaient tous les deux, le second se disait fils d'un général. « Ils placèrent dans ma main une pièce de 10 francs, et une de 1 franc. Mon camarade reçut aussi de l'argent ; il ne m'a pas dit combien. En me donnant l'argent, il me dirent : « Vous boirez cela avec vos « camarades », et il nous quittèrent. » (Déposition Chastanet. Cote 271. *Dép.*, p. 272 ; et Rapport, Cote 817 *bis*. *Ann.* p. 184.)

Au mois de février 1889, Boulanger dirigea ses tentatives vers le personnel des Halles.

Rapport du 13 février. — « Le parti boulangiste continue à faire une active propagande.. .. Actuellement, des individus bien mis parcourent les pavillons des Halles et distribuent à presque tout le personnel, patrons ou employés, des lettres portant sur le coin de gauche un cachet de la grandeur d'une pièce de 5 francs au chiffre du Général Boulanger. Ces lettres seraient libellées ainsi, ou à peu près :

« Monsieur, le Général Boulanger serait très désireux de « faire votre connaissance, et il se ferait un grand plaisir de « vous recevoir en son hôtel, rue Dumont-d'Urville, 11 *bis*. » (Cote 831. *Ann.* p. 186.)

Déjà, le 27 octobre 1888, on avait recueilli les indications suivantes : « . . . . On tient beaucoup au concours « de l'armée blanquiste ; les soldats importent bien plus que « les chefs qui se trouvent plus ou moins engagés dans des « combinaisons de journaux, et qui ont les mains liées. »

« On veut pénétrer habilement les comités, savoir bien exactement le nombre des militants, les utiliser le moment venu pour un coup de main.

« Je crois que certains régiments sont très travaillés par les propagandistes de la rue de Sèze... » (Cote 738. *Ann.*, p. 186.)

— « ..... Je vous affirme, car je le sais de source sûre, que Boulanger a pour lui des régiments de la garnison de Paris sur lesquels il peut compter pour un coup d'État. Les officiers ne sont pas sûrs, mais ..... Qui vous dit qu'avant la fin de l'année Boulanger ne fera pas un coup d'État ? » (Cote 747. *Ann.*, p. 187.)

Il importe de revenir un peu en arrière. Le 17 août 1888, M. Boulanger parcourait à grand tapage le département de la Somme ; force avait été de mettre des troupes en réquisition pour maintenir l'ordre. Un certain M. de . . . . . . s'approcha des soldats du 72e qui étaient à ce moment sous les armes, et remit à deux d'entre eux 40 francs avec le portrait du général, lequel à ce moment entrait en gare. M. de . . . . a nié le fait ; mais, après confrontation, les deux militaires l'ont parfaitement reconnu. (Dossier d'Amiens. Cotes 799-803. *Ann.*, p. 115, 190).

A la même époque, le sieur Laguerre était réserviste au 129e régiment d'infanterie à Lisieux. On avait à ce point fait fléchir les règlements en sa faveur, qu'il était libre de vivre à l'hôtel, de fréquenter ouvertement les officiers en tenue, et de s'installer à son gré à Cabourg. (Déposition Cadenat, Cote 274. *Dép.*, p. 255.)

Il profita naturellement de la faiblesse des chefs pour faire de la propagande boulangiste. Quand l'esprit d'indiscipline parut suffisamment développé, Boulanger fut convié à se présenter lui-même à Lisieux. Il arriva le 26 août. Le réserviste Laguerre, alors en promenade sur une plage, annonça en ces termes la nouvelle :

— « A. M. L..., lieutenant au 129e, Lisieux. Tiens vous prévenir que l'ami que nous attendons arrivera aujourd'hui Lisieux, train 2 h. 35. » (Cote 638. *Ann.*, p. 191.)

Un télégramme identique fut adressé au lieutenant B. (Cote 637. *Ann.* p. 191), et un autre au réserviste B. (Cote 636. *Ann.* p. 191.)

A l'arrivée, Boulanger trouva sur le quai de la gare 3 officiers en bourgeois, dont M. L..., sous-lieutenant, 2 officiers de réserve en tenue et 25 ou 30 soldats. Tous ces militaires avaient pénétré dans la gare en prenant ou en recevant des billets pour Trouville. On remarquait en outre 12 ou 15 sous-officiers, dont l'adjudant P... Le sieur Laguerre fit les présentations.

De là ces messieurs passèrent en landau devant la caserne et se rendirent à une fête de faubourg où Boulanger procéda à une distribution de pièces d'argent. Rentré à l'hôtel, il reçut environ 200 personnes dont beaucoup furent arrêtées au passage par le sieur Laguerre. Le major du régiment, M. M., vint lui rendre visite en grande tenue.

Un employé des contributions indirectes qui protestait du dehors en criant « A bas Boulanger ! » faillit être assommé par des camelots étrangers à la ville.

Cet audacieux recrutement d'un régiment par un homme exclu de l'armée causa du scandale dans le pays ; aussi, quelques jours après, le lieutenant-colonel qui commandait alors à Lisieux, M. V., après avoir tout laissé faire sous ses yeux, télégraphia au sieur Laguerre qu'il était menacé et qu'il comptait sur lui pour le défendre en cas de besoin. (Déposition de M. Marie, Cote 273. *Dép.*, p. 249.)

La Ligue, de son côté, cherchait pour Boulanger des serviteurs et des agents parmi les fonctionnaires. La preuve s'en trouve dans plusieurs réponses de ceux-ci classées dans les pièces du dossier. On en citera ici quelques-unes à titre d'exemple :

— « J'ai le regret de vous dire qu'étant receveur d'octroi il ne m'est *pas possible d'accepter* l'honneur que vous m'avez fait en *m'offrant* les pouvoirs de délégué. (Cote 853. *Ann.*, p. 192.)

— « Il y a quelques jours j'ai reçu une lettre par laquelle *vous m'offrez* la place de délégué pour la région. Etant instituteur, etc. » (Cote 837. *Ann.*, p. 192.)

— « ... Ma situation de fonctionnaire *ne me permet pas* évidemment d'exercer dans la Ligue une action ouverte et publique... » (Passage de la lettre d'un commis principal des contributions indirectes. — Cote 835.)

— « 31 janvier 1889. Me trouvant être un simple agent de l'administration pénitentiaire, cela me *force* de rester dans une entière réserve... » (Cote 836. *Ann.*, p. 193.)

L'instruction avait établi les actes ci-dessus de corruption de fonctionnaires, lorsqu'une saisie pratiquée chez un tiers (lequel avait en dépôt les pièces de l'ancien secrétaire de Boulanger) jeta une complète lumière sur toute cette partie du procès. Il est résulté du dépouillement de pièces auquel la Commission d'instruction s'est livrée que Boulanger avait généralisé ces manœuvres, et que jamais agent de corruption n'a causé un mal plus profond par ses conseils, ses promesses et la perfidie de ses tentatives. Il s'était adressé également à toutes les administrations, à l'armée, aux fonctionnaires de tous les degrés; il cherchait à la fois des auxiliaires pour un coup d'État et des serviteurs vendus pour le jour où il serait au pouvoir. Il a été, on peut le dire, l'apôtre de la trahison. Beaucoup ont résisté, mais beaucoup aussi ont fait preuve d'une déloyauté et d'un oubli de leurs devoirs qui les ont rendus dignes de celui qu'ils prenaient pour maître.

Sans vouloir passer en revue toutes les pièces contenues dans ces liasses attristantes d'adhésions, le Procureur Général soussigné croit nécessaire d'insérer dans le présent réquisitoire quelques-unes de ces pièces dont la seule lecture permettra de constater l'existence d'un complot que Boulanger a fait rayonner sur le pays tout entier. Ce qu'il convient de remarquer, à côté des lettres, ce sont les réponses préparées sur la feuille même au crayon bleu de la main de Boulanger, et qui le montrent heureux d'encourager la défection, de remercier la lâcheté ou d'assurer de sa gratitude ceux mêmes qui lui font des propositions criminelles.

Un secrétaire de Parquet lui a écrit à plusieurs reprises non seulement en sa qualité de « fervent disciple », mais aussi au nom du sieur R....., substitut, et du sieur H....., commissaire de police. On lit dans une des lettres les lignes suivantes : ..... « Il y a bien longtemps, mon général, que *j'ai confiance en votre étoile*. Je me suis attaché ici à faire triompher votre cause. J'ai été, je vous l'avouerai, obligé d'agir avec certaines restrictions; car, fonctionnaire du Gouvernement, je ne pouvais..... agir trop ouvertement. » Boulanger le remercie. Puis cet infidèle serviteur, parlant de son départ possible du parquet, Boulanger écrit en travers de la lettre cette note typique pour son secrétaire : « *Qu'il reste à son poste, il me servira mieux.* » (Cote 1096 *ter*, 1097, 1141 et 1142. *Ann.*, p. 194, 195, 197.)

Voici la lettre du proviseur du lycée de C., qui donnera une idée complète de la platitude et de la déloyauté de certains fonctionnaires supérieurs qui ont été à la fois les dupes et les complices de Boulanger :

« C., 29 janvier 1889. — Monsieur le Général, ainsi que je vous l'ai prédit et promis le premier janvier, j'applaudis sincèrement et joyeusement avec tous vos amis, les vrais patriotes, au triomphe éclatant que vous venez d'obtenir à Paris. Votre élection ne tardera pas à inaugurer un régime nouveau et meilleur et à prouver à la France entière que vos ennemis défendaient une mauvaise cause.

« Je souhaite, Monsieur le Général, pour la prospérité et le bien de notre chère patrie, que vous arriviez prochainement au pouvoir *où déjà vous a appelé un million de suffrages*. Ce vœu est celui de tous les bons Français qui supportent impatiemment les abus sans nombre dont la France se mourrait déjà si vous ne vous fussiez montré à elle comme *son génie tutélaire*.

« Les hommes qui exercent aujourd'hui des fonctions publiques *et qui seront dignes de les conserver* parce qu'ils vous auront compris et appelé de leurs vœux, seront d'autant plus heureux et d'autant plus fiers de servir la France sous vos auspices qu'ils ont eu à subir plus d'humiliations et d'injustices de la part d'un régime qui s'est déshonoré en vous persécutant vous-même.

« *Je serai, Monsieur le Général, au nombre de ceux-là*, et ainsi que je vous l'affirmais *dans une lettre déjà ancienne, et à la suite de laquelle vous avez bien voulu me répondre que vous me comptiez au nombre de vos amis*, je ne cesserai pas d'être un de vos serviteurs *les plus loyaux*, les plus plus affectueux et les plus dévoués.

« Veuillez agréer, Monsieur le Général, l'hommage de ma reconnaissance et de mon plus profond respect. — A. L., Proviseur.... » (Cote 1099. *Ann.*, p. 198.)

Un receveur d'octroi lui écrit le 21 août 1888 : «..... Prenez toujours les plus larges mesures afin que vous puissiez nous débarrasser de toute cette vermine.... La France ne compte que sur vous pour nous débarrasser. Ainsi soit-il et bientôt.... » (Cote 1103.)

La veille, une débitante de tabac lui adressait une longue épître contenant en particulier ce passage : « Nous foulons au pied tout respect humain ; je vous envoie et mes garçons une cordiale poignée de main. Que Dieu vous garde comme le Saint Ange gardait Tobie! » (Cote 1101.)

A la même date, un employé au Ministère de la Guerre osait écrire que Boulanger était toujours pour lui le véritable Ministre, et il lui envoyait le double de ses rapports; il lui livrait en particulier la pièce confidentielle qui contenait les secrets de la défense des Alpes.

Et Boulanger remerciait en classant cette pièce dans les archives Boulanger-Dillon-Rochefort. (Cotes 1098 et 1120. *Ann.*, p. 199.)

Il faut arriver maintenant à ce qui concerne l'armée. Le 28 janvier, le major d'un régiment d'infanterie écrit cette lettre : « Mon général, le résultat de votre élection d'hier, qui est l'expression de la nation qui parle, est également l'expression de *la Grande Muette qui vous suit par la pensée.*

« *La jeune armée est tout à vous,* et votre succès d'hier lui donne plus d'espérance encore. Ce matin, les jeunes cœurs de mon régiment ont battu d'émotion; ce soir, ils chantent votre victoire.

« Veuillez agréer, mon général, l'assurance de mon dévouement, et je crois être aussi l'interprète de tous. Sentiments respectueux. » (Cote 1102. *Ann.*, p. 200.)

— Passage de la lettre d'un lieutenant-colonel en activité de service : « Votre triomphe, mon général, est un soulagement pour tous ceux qui ont du cœur au ventre. Nos troupiers sur la frontière sont dans la joie; *ils gardent votre épée...* » (Cote 1138. *Ann.*, p. 201.)

— Un autre : « 21 août 1888. — Vous pouvez être persuadé qu'*en toute circonstance,* je considérerai comme un devoir impérieux, avec la dernière énergie, de traiter vos détracteurs comme il convient.

« J'ambitionne cette mission comme un honneur : venger l'armée outragée. Aussi bien j'espère, mon Général, que vous daignerez vous rappeler *à l'occasion* que je serais *heureux d'augmenter la courageuse phalange qui entend purger le pays* des êtres détestés qui l'exploitent et le déshonorent. » (Cote 1111.)

Continuons les citations : « 28 janvier 1889. — ... Soyez fier, mon Général, sans oublier que *d'autres luttes se préparent* pour lesquelles *nous serons à vos côtés dans la suprême bataille.....* » (Cote 1112.)

— « Arras, 21 juillet 1888. — La France compte sur votre épée, elle compte sur vous pour accomplir de grands devoirs : un *nouveau 2 Décembre* contre les exploiteurs..... et un nouvel Iéna contre les barbares..... » (Cote 1121.)

— D'un colonel : — « ...Maintenant, il faut mettre en pratique le plus essentiel de tous les principes d'art militaire, *profiter de la victoire.* » (23 août 1888. Cote 1139. *Ann.*, p. 201.)

— « 31 décembre 1888. — *Nous allons enfin te voir à ta place à l'Elysée. Je descendrais avec plaisir dans la mêlée* pour la défense de ces principes qui te font de si belles pages dans l'histoire. » (Cote 1115. *Ann.*, p. 202.)

— D'un chef de bataillon, le 15 mars 1888 : « .....Et si en ces circonstances *tu peux te servir de moi pour quoi que ce soit*, tu peux compter plus que jamais sur mon dévouement. » (Cote 1117. *Ann.*, p. 202.)

— Un soldat de la garde républicaine lui écrit à deux reprises pour l'assurer que toute sa compagnie, comme lui-même, est prête pour la sédition. (Cotes 1100 et 1140. *Ann.*, p. 203 et 204.)

Il remercie.

— Un autre soldat du même corps lui écrit de sa prison pour affirmer son esprit d'indiscipline. (Cote 1109.) Il remercie encore et fait dire à ce soldat qu'il peut compter sur lui.

— « Fontainebleau, 14 janvier 1889. — Si jamais vous avez besoin, *dans une occasion quelconque*, d'un serviteur fidèle et servant *son maître* avec zèle, souvenez-vous de moi, je ne vous ferai pas défaut. » (Cote 1105. *Ann.*, p. 205.)

— Un prêtre signe sa lettre de dévouement : « Votre fidèle sujet. » (Cote 1106. *Ann.*, p. 206.)

— « Marseille, 28 janvier 1889. — *Ave Cesar Imperator.* Mon Général, la journée d'hier a marqué *la mort de la République* et des parlementaires. *Il vous reste à vouloir pour être le maître de la France...* » (Cote 1104. *Ann.*, p. 206.)

— Un ancien capitaine de francs-tireurs lui écrit le 29 janvier 1889 : « .....Vous pouvez compter *quoi qu'il arrive*, mon Général, sur mon dévouement à toute épreuve, comme sur *le concours armé* de mes anciens compagnons..... » (Cote 1113.)

— Un officier écrit de Corse le 30 décembre 1888 pour demander à Boulanger la faveur de « lui servir de garde du corps. » (Cote 1116.)

Il avait fait pénétrer parmi tous ces gens l'idée fixe d'un coup d'État ; on en trouve la preuve dans beaucoup d'autres lettres. En voici une de plus, qui est particulièrement significative. Elle est de Laurent Piétri, ancien capitaine de mobiles, ancien commissaire de police sous l'Empire, et datée du 21 février 1889 :

« Mon Général, dois-je répéter : Marchez, mon Général, sur ces ombres à travers les éclairs du soleil d'Austerlitz? N'attendez pas la même tentative contre la rédemption du monde sur le mont des Oliviers.... *Vous avez épuisé toute la légalité*, et nous sommes sous le coup des mêmes insultes.

« *Devrons-nous patienter quelques mois encore?* Les événements de dimanche prochain et des jours suivants nous le permettront-ils?

« Le moment est-il arrivé que je vienne rappeler à votre bon souvenir que je suis dans l'inaction et que j'attends toujours une direction à donner à tout mon dévouement, soit dans le golfe de la Méditerranée, soit ailleurs?.... » (Cote 1108. *Ann.*, p. 207.)

Boulanger a écrit de sa main en travers de la lettre :

« *Il vaut mieux attendre*, car les événements marchent en notre faveur. »

Ce même sieur Piétri servait à Boulanger d'agent secret et lui envoyait des rapports politiques périodiques. (Code 1110).

Boulanger avait classé toutes ces adhésions et toutes ces offres de complicité par département et par arrondissement avec un soin extrême ; on aurait dit qu'il conservait en y attachant un prix particulier les propositions les plus violentes.

Ainsi on trouve dans une des liasses l'épitre suivante que lui a adressée un Corse, après sa radiation des cadres de l'armée : « Je ne me commande plus depuis hier, et si n'avait été la réflexion qui m'avait retenu depuis hier et la crainte *qu'une escapade* pût vous porter préjudice, *j'aurais brûlé la cervelle* au lâche et au misérable qui n'a pas rougi un instant de signer le décret. » (Cote 1118.)

Quant à la portée et à la date du coup politique rêvé par cette bande, il n'est pas possible d'éprouver le moindre doute ; toute la correspondance établit qu'il s'agissait d'une guerre civile immédiate et, dans l'esprit de beaucoup, de la guerre étrangère. Qu'il suffise de citer, avant d'en finir, cette lettre écrite de Châlons-sur-Marne, le 13 février 1889 :

« ..... *Au milieu du gâchis actuel et dont vous devez profiter, Carnot est-il encore possible ? Non.* Il faut deux choses : A l'intérieur, envoyer les parlementaires planter leurs choux. A l'extérieur, se montrer non ferme, mais sévère..... revendiquer hautement ... *provoquer carrément.... Après l'Exposition, il sera peut-être trop tard.* » (Cote 1119.)

L'instruction n'a pas eu à chercher quels sont les moyens, dons, promesses ou menaces à l'aide desquelles Boulanger est arrivé à corrompre tant de fonctionnaires et à acheter tant de consciences ; les liasses de papiers saisies sont au greffe, plus éloquentes que toutes les démonstrations. Comment est-il arrivé à obtenir tant d'actes de félonie et à frapper tous ces gens de démence ? Par la presse, par l'image, par la chanson, en un mot, par ces moyens factices dont l'ensemble constitue l'exploitation éhontée de la crédulité publique.

Cette opinion a été depuis longtemps celle de gens bien placés pour le connaître.

Ainsi du journal *Le Soleil* (article du 25 mai 1887) : « .... Les amis et partisans du Général répondent qu'il faut en passer par là quand même, parce qu'à défaut des grandes choses qu'il n'a pas faites, on lui suppose une valeur personnelle qui inspire confiance à l'armée et à la nation. Soit. Si pourtant cette confiance ne reposait que sur des bases fragiles, si elle ne répondait qu'à un engouement passager et irréfléchi?.... Nous nous déclarons incapables d'apprécier l'œuvre militaire du Général; cependant nous demandons qu'on nous la montre. Tant de mystère cache quelquefois un peu de mystification. Aucun journal boulangiste n'a encore osé donner une liste des titres sérieux que le Général s'est acquis à la reconnaissance publique. » (Cote 884.)

— Le *Figaro* du 13 mai 1888 va, lui, plus loin, que le dédain : « C'est dans l'armée que Boulanger compte le moins de partisans, dans l'armée qu'il trouverait le moins de complices. C'est que l'armée, beaucoup mieux que le gros public, est à même d'apprécier les titres du Général... Capitaine assez désagréable pour ses subordonnés et peu sympatique à ses égaux... En examinant bien la conduite du lieutenant-colonel, en 1870, on n'y voit que celle de la plupart des officiers échappés à la captivité, dont beaucoup, comme Cremer ont eu un rôle bien plus brillant... Le colonel orléaniste et clérical de Belley devenait à Valence un général de cavalerie complètement étranger à sa nouvelle arme, à ses troupes même, ne mettant jamais le pied au quartier, n'assistant pas aux manœuvres comme peuvent encore le certifier les témoins occulaires et comme le fait s'est renouvelé pendant l'exode de Clermont... Au Ministère, petites mesures de détail, réclames faites à grands coups de grosse caisse... Toujours indifférent à son vrai métier, méprisant l'éducation des troupes... Si le nom du général a quelque signification pour la troupe, c'est l'affaiblissement de la discipline qu'il représente... (Cote 892.) Il est vrai qu'à la même époque, Boulanger écrivait à une de ses maîtresses : « Les gens du *Figaro* sont des coquins et toi tu es une bête si « tu les crois. » (Cote 687 *bis*. *Ann.*, p. 166.) La vérité n'en était pas moins dite.

— De son côté, l'*Autorité* parlait ainsi de Boulanger le 29 juin 1887 : « Ce pauvre Boulanger est voué décidément au ridicule... M... l'a comparé à Hoche... Hoche s'était illustré par des victoires, par de réelles qualités politiques. Boulanger n'est qu'un héros de café-concert dont les exploits se célèbrent dans la fumée des pipes, au bruit des *digue don don*... Boulanger n'a fait que du tapage. » (Cote 879.)

Les Allemands, il faut bien le confesser, ont pensé de même, si l'on en croit une note remise à la Préfecture et ainsi conçue :

« En Allemagne, on considère le Général comme un paillasse et surtout comme un désorganisateur.

« Les chefs de corps disent couramment que ce qui pourrait arriver de plus heureux à l'Allemagne en cas de guerre avec nous, c'est que Boulanger fût chargé du commandement des armées françaises. » (Cote 830. *Ann.*, p. 208.)

DEUXIÈME PARTIE

Actes commis ou commencés pour préparer l'exécution.

Le complot a été établi, notamment par les correspondances secrètes, par les alliances politiques clandestines, par la propagande, par l'encaissement de fonds secrets, par les distributions d'argent, par l'embauchage ; on va maintenant établir la circonstance aggravante du complot, c'est-à-dire les actes préparatoires accomplis par Boulanger en vue de l'exécution.

Le premier de ces actes préparatoires a consisté dans la transformation de la Ligue des Patriotes.

Cette société, d'utilité fort contestable dès son origine, avait du moins pour elle à cette époque la droiture de ses intentions et les sentiments élevés de ses fondateurs. Aux termes de ses statuts, elle ne pouvait s'occuper ni de politique ni de religion. Mais peu à peu, elle dévia de sa ligne, le personnel de la direction changea, et son chef réel, M. Deroulède, se donna tout entier à celui que des courtisans avaient surnommé « le Général Revanche ». Il entraîna les ligueurs avec lui ; à l'assemblée générale du 22 avril 1888, il mit fin à une scission déjà prolongée, et la Ligue des Patriotes n'ayant plus droit qu'au titre de ligue dite des Patriotes, se changea définitivement en garde boulangiste.

Un manifeste fut lancé, dans lequel on disait à tous les ligueurs de France : « *Le chef que nous suivons*, le Général Boulanger, n'est ni un ambitieux ni un futur dictateur; c'est le porte-drapeau du parti national. » (Dossier de la Ligue. Annexe I. Cotes 2, page 5.)

A la place des patriotes de la première heure, on vit

arriver à l'état-major de cette ligue MM. Laguerre, Laisant, Naquet....

Le souci patriotique, relégué au second plan, paraît même avoir été depuis cette époque un obstacle aux affiliations. On peut même dire qu'il n'existe plus, à en juger par la lettre ci-après, qui en porte l'aveu dépouillé d'artifice :

— « 29 décembre 1888. — Monsieur le secrétaire général, je trouve en ce moment de très grandes difficultés avec nos ligueurs ; la plupart me font des réflexions au sujet qu'on nous qualifie « parti de la Revanche », et comprennent en ce sens que nous signons un engagement comme volontaires et être obligés de prendre immédiatement les armes contre l'ennemi qui viendrait à se déclarer. *Tous sont bien pour la politique de notre chef le Général Boulanger*, mais ne voudraient pas être en nom. La seule chose qui m'empêche d'avoir beaucoup de ligueurs et qui entraînera la démission de plusieurs, c'est ce passage dans les statuts : le retour de l'Alsace-Lorraine à la France, qui ne peut avoir lieu que par les armes. » (Dossier de la Ligue. Annexe I. Cote 14. *Ann.,* p. 208.)

A cette société politique, il fallait une organisation politique : on la lui donna sans retard. Des groupements s'établirent par arrondissement, par quartier, par section ; le système des messagers et des rassemblements fut militairement prévu (Annexe I. Cote 1, p. 6). De telle sorte que des ordres partis du point central arrivaient aux extrémités sans emprunter les voies trop mystérieuses de la poste et du télégraphe, et que par l'effet d'avis lancés de proche en proche un nombre très considérable de ligueurs pouvait être jeté en deux heures sur un point déterminé de Paris. Cet état de mobilisation permanente fut réglementé au mois de février 1889. Le mois précédent, la Ligue avait servi de personnel électoral à Boulanger et elle lui appartenait si bien que Dillon avait ouvert pour elle la caisse de la rue Dumont-d'Urville. (Dossier de la Ligue. Annexe I. Cote 1, pages 27 et 28. Cotes 13 et 213.)

Après l'élection, M. Deroulède avait adressé une proclamation non équivoque à sa troupe : « Camarades..., *fidèles au chef que nous avons choisi*, nous n'avons pas cessé un instant de le défendre et de le suivre... » (*Ibid.* Cote 11. *Ann.*, p. 209.)

Les ligueurs, du reste, étaient prêts à tout et parlaient en sectaires, ainsi qu'en témoigne la lettre de l'un d'eux :

« ... Dans ces luttes continuelles, *il y a des postes de combat* qu'on ne saurait confier qu'à bon escient... Je réclame de vous l'honneur d'être au premier rang ; et *quel que soit le poste périlleux que vous m'aurez confié*, fort de ma conviction et pour l'honneur de l'*homme dont nous défendons les principes*, croyez, cher président, que je tiendrai haut et ferme le drapeau de nos revendications. » (Cote 15. Dossier annexe I.)

On verra plus loin que, le 25 novembre 1888, M. Deroulède convoqua plus de 10.000 ligueurs pour les faire défiler en plein Paris devant Boulanger, en les lui offrant comme force militaire, et que le Gouvernement dut prendre des mesures pour étouffer cette tentative d'action violente. Les intentions des directeurs de la Ligue dite « des Patriotes » n'étaient pas douteuses, puisque le jour même il y avait eu concert arrêté à la salle Wagram. (Déposition de M. le Préfet de police. Cote 523. *Dép.*, p. 237.)

Au surplus, vers la même époque, M. Deroulède avait fait sa profession de foi au témoin Allibert : « Il faut un pouvoir fort et personnel... *Nous irons jusqu'au bout.* » Ce même témoin a ajouté : « M. Deroulède ne fait rien depuis longtemps sans avoir pris l'avis de Boulanger. » (Cote 272. *Dép.*, p. 327.)

Voilà donc bien le noyau de l'armée révolutionnaire tout prêt à marcher, sous les ordres et au profit de l'homme qui a ourdi le complot.

La seconde preuve des actes préparatoires résulte des

propos révélateurs tenus par Boulanger, Dillon et Rochefort, ainsi que par leurs lieutenants.

— « 1er août 1887. — Télégramme chiffré de Dillon, Paris, à Boulanger, Clermont : ... Ta situation est superbe aujourd'hui ; tu es en pleine veine... *Laisse marcher ton étoile...* » (Cotes 621, 622.)

— « 6 août 1887. — Télégramme chiffré de Arthur Belleville, à Boulanger, Clermont : J'ai reçu ta dépêche de Lyon. *J'attends des instructions et les exécuterai. J'ai toujours considéré ce qui vient de se passer comme un prologue,* mais je ne plaçais le premier acte qu'à la rentrée des Chambres. *Tu parais devoir le désirer plus tôt, tu pourrais avoir raison ; j'attends des ordres.* » (Cote 599. *Ann.*, p. 210.)

« — 7 août 1887. — Télégramme chiffré de Dillon, Paris, à Boulanger, Clermont : *La période des plaidoyers est terminée ; préparons-nous aux faits,* et préparons ces faits à notre convenance. Encore une fois ta situation est bonne ; conservons-là pour le moment, mais *préparons la reprise.* » (Cotes 597 et 598. *Ann.*, p. 211.)

On verra plus loin que ces derniers mots faisaient allusion à des tentatives d'émeute.

Le 17 mars 1888, un conciliabule secret fut tenu chez le sieur Laguerre, qui s'est de plus en plus efforcé de jouer un rôle important dans cette entreprise. Étaient présents : Boulanger, Rochefort et plusieurs de leurs amis. Les uns émirent cette opinion que le Général devait répondre à la mise en non activité par une démission ; Rochefort fut d'un avis contraire et l'intéressé déclara qu'il voulait à tout prix rester soldat. Alors le sieur Laguerre exprima ainsi sa pensée propre : « *Il est nécessaire que le Général conserve le droit de revêtir l'uniforme pour balayer le Gouvernement, si on l'y oblige, ce qui est inévitable dans un avenir prochain.* »

Boulanger appuya cette thèse et affirma pouvoir compter sur certaines garnisons de villes importantes. (Cote 775. *Ann.*, p. 212.)

Le sieur Laguerrre affirma en d'autres circonstances la théorie du coup d'État : « Au cours d'une conversation que j'eus avec M. Laguerre, raconte le témoin Brieux, je lui posai cette question : Qu'arriverait-il si, en admettant que la Chambre future soit en majorité boulangiste, le Président de la République et le Sénat voulaient lui résister? »

« Il me répondit textuellement : « Je ne serais pas à la rigueur ennemi d'un coup de force dirigé par les élus du suffrage universel contre les élus du suffrage restreint.

« Et la Constitution ? ».

« Il sourit avec un léger haussement d'épaules, et après un instant de silence il répondit : « Le suffrage universel est « supérieur à toutes les Constitutions ». (Cote 287. *Dép.*, p. 282.)

Rochefort, lui aussi, aime la restriction mentale, mais il n'en a pas moins laissé percer très clairement la pensée commune. Il écrivait dans sa feuille à la date du 24 novembre 1888 : « Les députés savent ce dont est capable l'affolé Floquet qui, après avoir sabré la foule aux obsèques de notre ami Eudes, a lancé sur le Général Boulanger, candidat dans la Charente-Inférieure, des Saltabadils chargés de jeter la voiture dans la rivière.

« *A l'apparition dans leur domicile de l'écharpe d'un commissaire de police, ils auraient, pour lui rappeler qu'il se trompe de porte, quelques bons revolvers de tout autre calibre que celui d'Aubertin...* » (Cote 889.)

Un rapport de police daté du 24 décembre 1888 porte les indications suivantes : « ... L'incident dont M. Naquet a été l'objet au Sénat... a servi à exaspérer *les boulangistes qui sont de plus en plus décidés à balayer le régime actuel.*

« Ce qui était le but secret du comité Dillon devient le programme de tous : *Faire du Général Boulanger un Premier Consul ou un Empereur.*

« C'est pourquoi on leurrera tous les partis monarchistes; aussi voit-on le général coqueter avec les bonapartistes et avec la grande...... orléaniste....

« Le comte Dillon a, paraît-il, réussi à trouver à l'étranger des banquiers disposés à fournir des fonds en vue de l'instauration du Général Boulanger au pouvoir. Le moment venu, c'est-à-dire *M. Boulanger étant Président de la République, on jetterait le masque, et l'on ferait un coup d'État avec l'argent du syndicat étranger....* » (Cote 732. *Ann.*, p. 182.)

— « 1er janvier 1889. — Le Général Boulanger a reçu la visite d'environ 120 membres de la Ligue représentant les divers comités de Paris et conduits par M. Deroulède. On a lu une adresse. Le Général a répondu et fait connaître qu'hier soir, dans une réception, M. Laguerre lui avait offert une belle canne qu'il avait acceptée comme un précieux souvenir et il a ajouté que, *le cas échéant, il s'en servirait comme d'un manche à balai.*

« Un capitaine du 5e dragons en uniforme assistait à la réception. » (Cotes 852 et 851. *Ann.*, p. 213 et 214.)

Un autre rapport de la même date, servant de contrôle au précédent, racontait le fait en termes presque identiques : « Le Général Boulanger a reçu la visite des délégués de la Ligue des Patriotes; il a dit que le cadeau que lui avait fait le 31 décembre M. Laguerre lui a été particulièrement agréable; qu'il conservera précieusement cette canne qui lui servira bientôt, il l'espère, à *balayer tous les voleurs qui sont au pouvoir.* Il compte que 1889 verra la réalisation de ses souhaits. Son élection à Paris, dont il est assuré, aura du retentissement jusqu'à l'étranger. Il termine par ces mots : « J'ai con« fiance en vous, ayez confiance en moi. » (Cote 850. *Ann.*, p. 215.)

A la date du 29 janvier dernier, on racontait au bureau de *la Presse* que le Général Boulanger avait dit : « *Il faut* que, pour le 24 février, je sois à la présidence du Conseil et *que le 1er mai je sois nommé Président de la République. J'ouvrirai ainsi l'Exposition.* » (Cote 838. *Ann.*, p. 215.)

Le 19 février, les ligueurs du 3e arrondissement tinrent une réunion privée au n° 6 de la rue Dupetit-Thouars. M. Deroulède a fait un discours dans lequel on a remarqué cette phrase : « Si la combinaison Méline réussit... la Ligue sera dissoute ; elle sera alors reconstituée sous un autre nom, ou bien les choses resteront en l'état... *En cas d'appel, on saurait toujours se retrouver.* Enfin, si M. Carnot nous donne de la *Méline,* nous, ligueurs, nous pourrons peut-être donner de la *mélinite*... » (Dossier de la Ligue. Annexe I. Cote 5. *Ann.*, p. 215.)

Le même jour, le même orateur se rendait à la Brasserie Européenne, avenue Lowendall, et s'écriait, devant les comités revisionnistes des 7e et 15e arrondissements : « Si nous n'étions pas si près de l'Exposition, *nous ferions cette révolution que nous avons tous dans les cœurs et que je tiens au bout de mes doigts* ; mais il faut savoir attendre..... » (*Ibid.* Cote 4. *Ann.*, p. 217.)

L'ancien commissaire de police Piétri surveillait cette fois les entrées et les sorties ; la réunion était composée en grande partie d'ouvriers de l'usine Cail. (Déposition Allibert, Cote 272. *Dép.* p. 327.)

Le 22 février, le président de la Ligue renouvela ses menaces, ou plutôt ses provocations à la violence, à la salle du Commerce, faubourg du Temple, 94 : « .....Nous le soutiendrons (le Général) par nos bulletins de vote ; et si ce moyen ne suffisait pas, *nos bulletins de vote se transformeraient en balles de plomb.* » (Dossier de la Ligue. Annexe I. Cote 3. *Ann.*, p. 219.)

Il convient maintenant d'examiner les actes matériels. Les auteurs du complot, par leurs excitations et celles de leurs agents, par les distributions d'argent, l'organisation de leur armée secrète et l'appui d'une presse complice, ont incessamment troublé l'ordre dans la rue. Pendant près de deux années, le Gouvernement a dû tenir presque constamment sur pied toutes les forces de la police, consigner des troupes dans leurs casernes, faire marcher la garde républicaine. En recueillant les principaux rapports de la préfecture et les dépositions des témoins, en se reportant, d'autre part, aux aveux bruyants des journaux boulangistes, on a pu dresser la liste des principaux désordres dont Paris a été le théâtre :

Année 1887 : 28 mai, 31 mai, 21 juin, 8 juillet, 14 juillet, 1er décembre, 2 décembre.

Année 1888 : 16 mars, 25 mars, 28 mars, 15 avril, 19 avril, 27 avril, 14 juillet, 15 octobre, 26 octobre, 25 novembre.

Année 1889 : 27 janvier, 29 janvier.

Il faut ajouter les troubles qui se sont produits à Nancy à la fin du mois d'avril 1888.

Ces différentes scènes de désordre, que les boulangistes ont par euphémisme appelées *Manifestations*, vont être l'objet d'un examen complet; mais il ne sera point parlé à cet endroit des événements les plus graves, auxquels Boulanger a présidé de sa personne et qui constituent des tentatives d'attentat : elles feront l'objet d'une étude séparée au chapitre suivant.

Le 28 mai (c'était à l'époque de la crise Ministérielle, alors que Boulanger avait perdu toute chance de faire partie de la nouvelle combinaison), il y eut une alerte sur la rive droite. A dix heures quarante-cinq du soir, une bande nombreuse se forma devant le théâtre des Bouffes se dirigeant du côté de la place de l'Opéra, aux cris de « Vive Boulanger! » Des mesures énergiques furent prises aussitôt et l'ordre fut rapidement rétabli. (Cotes 812, 813 et 814. *Ann.*, p. 221 et 222.)

Le 31, la Préfecture était prévenue en ces termes : « 6 h. 50 soir. — Le bruit se répand qu'une manifestation importante aura lieu ce soir devant le Cercle militaire en faveur du Général Boulanger. » (Cote 811. *Ann.*, p. 222.) A neuf heures, le désordre éclata sur les boulevards. Un jeune garçon monta sur les épaules d'un ouvrier et cria : *A l'Elysée!* Le nom de Boulanger fut acclamé et une bande de 1.000 à 1.500 personnes s'engouffra dans la rue d'Antin et dans le faubourg Saint-Honoré. (Cotes 710, 714, 807, 809. *Ann.*, p. 222, 223 et 224.) Un officier de paix télégraphia bientôt : « Plusieurs bandes dispersées. J'ai assez de monde. J'envoie de la cavalerie devant la Chambre en cas d'événement. J'occupe fortement l'Élysée. » (Cotes 808 et 810. *Ann.*, p. 225.)

A la même heure, une bande forte de 1.000 individus passait le pont Royal et gagnait la rue du Bac, pendant qu'une autre bande qu'on évalue à 700 personnes passait dans la rue Montmartre. (Cotes 808 et 809. *Ann.*, p. 225.)

Le mouvement s'accentuait aux cris de « Vive Boulanger ! » Une bagarre sérieuse se produisit devant l'École de médecine. (Cotes 1162 et 1163.)

Rue Boissy-d'Anglas, lorsque les agents parvinrent à couper une des colonnes, le domestique du duc de R..., qui en faisait partie, cria : « A bas la police allemande ! ». (Cotes 1158 et 806.)

Il faut reconnaître en passant que ces derniers mots étaient édités chaque matin dans le journal de Rochefort.

Le 21 juin, vers huit heures du soir, une cinquantaine de jeunes gens occupaient le carrefour Cluny ; et après avoir crié « Vive Boulanger ! » à de nombreuses reprises, s'étaient mis à chanter « *Il reviendra* ». Un attroupement se forma, que la police eut assez de peine à dissiper. Deux heures plus tard, une seconde manifestation se produisit sur le même point, et les agents, renforcés, n'y purent mettre fin qu'en opérant un certain nombre d'arrestations. (Cote 1159 *bis*.)

Le lendemain, deux courtiers en librairie entonnèrent sur le boulevard Saint-Michel une chanson boulangiste de façon à ameuter un grand nombre de gens ; « d'où un rassemblement assez considérable et que les gardiens de la paix ont eu beaucoup de mal à dissoudre. » (Cote 1159.)

On dut procéder là encore à des arrestations.

Deux jours après, Rochefort faisait le récit de ces scènes de désordre, et les revendiquait, en les exagérant même au nom de Boulanger. Il commençait ainsi son article : « Hier, pendant toute la soirée, une assez vive agitation a régné au quartier latin..... » (Cote 891.)

— Le 15 mars 1888, Boulanger fut mis en non activité par retrait d'emploi. Aussitôt Rochefort poussa à ce qu'il appelle complaisamment les Manifestations. Suivant sa constante habitude, il conseillera la violence en termes étudiés, qui, croit-il, lui permettront de s'en laver les mains en cas d'insuccès ; mais toujours avec le même soin il indiquera l'heure et l'endroit du rassemblement.

Dans l'*Intransigeant* du 17, il publie un article intitulé : « *Boulanger hors la loi* », dont voici quelques lignes : « Heureusement ces traîtres sont également des idiots. S'ils s'imaginent qu'il suffit de révoquer *un général qui a trouvé moyen d'incarner en lui la sûreté nationale* pour arrêter dans son essor la sympathie qu'il inspire, ils se sont préparé de cruelles déceptions... Le train dans lequel il a pris place part de Clermont à 8 h. 55 et arrive à Paris à *5 h. 15. Le Général Boulanger sera donc ce matin à l'hôtel du Louvre.* » (Cote 897.)

La veille il avait écrit : « .... Le sacrifice est consommé, le crime commis. Bismarck avait besoin de consolation à la mort de son maître, il l'a complète, c'est le Gouvernement français qui la lui donne. »

A la ligne suivante, ce sont nos généraux qu'il insultait en ces termes : « L'Allemagne peut marcher sur nous maintenant. Elle ne trouvera plus devant elle que *Logerot et Ferron, c'est-à-dire rien.* » (Cote 771.)

On remarquera ces deux noms qui inspiraient une haine plus particulière à Boulanger, prédécesseur des généraux Logerot et Ferron au Ministère ; et l'on remarquera encore plus que Boulanger ne protestait jamais par un seul mot contre les outrages adressés à l'armée dans son intérêt personnel et par la plume de son complice.

Le rendez-vous avait été donné par Rochefort : les camelots ni les curieux ne firent défaut. Dès sept heures cinquante du soir, une bande de 200 individus parut du côté des Halles (Cote 783. *Ann.*, p. 226); 400 individus étaient dispersés d'un autre côté à huit heures (Cote 781. *Ann.*, p. 226); à huit heures cinquante, la police refoula rue du Louvre une colonne arrivant de la rue de Rivoli (Cote 786 et 787. *Ann.*, p. 226 et 227). A onze heures, 150 individus poussaient des cris devant l'hôtel habité par Boulanger, on les refoula (Cotes 780 et 785. *Ann.*, p. 227). A minuit, on eut à rompre une colonne rue Saint-Martin (Cote 785).

Pendant ce temps Rochefort offrait un dîner aux meneurs. (Cote 784. *Ann.*, p. 228.)

Le 23, Boulanger quittait Clermont en se faisant acclamer par Baillière et quelques gens apostés, au milieu d'un silence glacial de la population (Cote 779. *Ann.*, p. 228); mais l'agitation était soigneusement entretenue à Paris, et le 25, en plein jour, la police coupait rue Montmartre une colonne d'au moins 150 hommes criant à tue-tête : « C'est Boulanger qu'il nous faut. » (Cote 777. *Ann.*, p. 231.)

Le 28, M. le Préfet recevait le rapport ci-après : « Une centaine d'individus, marchant par groupes de dix ou douze, occupent l'emplacement compris entre la rue de Cléry et la rue des Jeûneurs, chantant : « C'est Boulange qu'il nous « faut ! » et criant « Vive Boulanger ! » Cette manifestation semble se centraliser au journal la *Cocarde*, les agents dispersent les groupes. » (Cote 776. *Ann.*, p. 231.)

Le 15 avril, l'élection de Boulanger dans le Nord servit de prétexte aux démonstrations.

Premier rapport : « A 9 h. 20 du soir, douze cents personnes environ stationnent rue Montmartre devant les bureaux de l'*Intransigeant*, de la *France* et de la *Cocarde*. Au-dessus des bureaux de ce dernier journal on jette des cocardes à l'effigie de Boulanger, les colporteurs les ramassent et crient « Vive Boulanger ! » D'autres personnes sifflent. La circulation des voitures est assez difficile. » (Cote 768. *Ann.*, p. 232.)

Deuxième rapport : « Minuit. Les manifestants au

nombre de deux mille environ n'ont stationné que cinq minutes aux abords de l'hôtel du Louvre. Après avoir poussé le cri de « Vive Boulanger ! » ils se sont dirigés vers les grands boulevards... » (C. 766. *Ann.*, p. 232.)

Les groupes essayèrent à plusieurs reprises de se reformer devant l'hôtel du Louvre et furent dispersés par les agents. En refluant devant le poste du Ministère des Finances, les boulangistes ne manquèrent pas d'insulter nos soldats : « A bas les lignards, criaient-ils, ce sont des salauds. Vive Boulanger ! » (Cote 763. *Ann.*, p. 166.)

Boulanger n'a pas protesté davantage. Ainsi on a outragé en son nom aussi bien nos soldats que nos généraux.

Penserait-on qu'il était étranger à ces scènes violentes? Deux témoins honorables vont établir clairement le contraire. Écoutons à cet égard MM. Caron et Belon, qui se sont expliqués sur les scènes d'avril 1888, sous la foi du serment. (Cote 505, déposition Caron; Cote 506, déposition Belon. *Dép.*, p. 267 et 269.)

Vers 11 heures du soir, ils allaient du boulevard à la rue Coq-Héron. A l'intersection de la rue Montmartre, ils tombèrent au milieu d'une foule compacte qui criait « Vive Boulanger ! » La circulation des voitures était interrompue. Une poignée de tapageurs les entoura, redoublant ses cris avec des gestes menaçants ; le silence désapprobateur des témoins excitait visiblement la colère de ces perturbateurs. MM. Caron et Belon, arrêtés de la sorte, et irrités en outre de ce qu'on voulût leur arracher de force des vivats, répondirent d'une voix forte « A bas Boulanger ! » Alors le groupe de la chaussée les bouscula; les groupes des trottoirs se précipitèrent en même temps vers eux, et tous firent tomber sur les témoins une grêle de coups : l'un d'eux faillit être renversé, et c'en était fait de lui si son compagnon ne l'eût pas soutenu par un bras. Enfin quelques courageux citoyens les dégagèrent, meurtris, les vêtements en lambeaux, et ils parvinrent non sans peine à se barricader dans un café jusqu'à ce que la police eût chargé.

Ils ajoutent : « *La troupe de nos agresseurs était exclusivement composée de camelots et de souteneurs, évidemment soudoyés*, suivant nous, pour se livrer à ces manifestations violentes. »

Comment se pratiquait le recrutement des agents boulangistes ? M. Caron va nous apporter un renseignement de plus :

« Il y avait sur les boulevards un crieur de journaux connu pour son originalité, Bellangé; nous causâmes avec lui, Belon et moi. (C'était, bien entendu, à un autre moment.)

« A l'époque des différentes élections du Général Boulanger, il avait une lettre de service qui le désignait pour tel département; il nous la montra. C'était un véritable traité, qui déterminait le prix du voyage et le salaire de la journée. Cette lettre était autographiée (comme une circulaire) ... »

.... Boulanger, étant élu, voulut sans doute tirer parti de son entrée à la Chambre et voir s'il serait possible de porter le coup décisif. Rochefort se chargea, comme toujours, d'ameuter la foule. Voici en quels termes il donna rendez-vous à son monde dans l'*Intransigeant* daté du 20 avril et paraissant le 19 au matin : « .... Le nouveau député du Nord se rendra au Palais-Bourbon *aujourd'hui même* dès qu'il aura reçu avis de la proclamation officielle, c'est-à-dire *vers trois heures*.... Le ministère est persuadé que l'arrivée du nouvel élu du Nord au Palais-Bourbon donnera lieu à *une imposante manifestation.* » Le journal dénonce les mesures défensives prises par l'autorité et ajoute : « Mais c'est en vain qu'on cherchera à empêcher la patriotique population parisiene d'affirmer ses sympathies *et ses haines.* » (Cote 894.)

M. Bureau, officier de paix, vit l'affaire se nouer sous ses yeux : « Je signalai, dit-il, que tous les colporteurs des feuilles boulangistes étaient convoqués à leurs bureaux respectifs pour recevoir des instructions. On leur avait dit préalablement que *ceux qui se distingueraient, soit par leur entrain, soit par leur persistance* à organiser ou à reformer les manifestations, *seraient récompensés.*

« *On réclamait aussi avec insistance la démission du Président de la République.*

« Les uns devaient être devant le Palais-Bourbon, les autres devant l'hôtel du Louvre et sur le parcours pour acclamer le général. » (Cote 286. *Dép.*, p. 191.)

Un autre officier de paix, M. Auger, était averti de son côté que les agents de *la Cocarde* avaient reçu une demi-journée de paie supplémentaire. A l'heure dite, il a vu « tous les rédacteurs de l'*Intransigeant* sur la place, où se trouvaient 3.500 personnes à peu près. » (Cote 761. *Ann.*, p. 233.)

L'*Intransigeant* ne composait pas à lui seul l'état-major; à cet égard, le rapport de police ci-après est fort intéressant à consulter : « On a remarqué un groupe se tenant à côté de la fontaine nord de la place (de la Concorde) et se composant d'environ 200 personnes, qui n'étaient, en grande partie, composées que de bonapartistes et de royalistes. On a reconnu MM. .... et le jérômiste H..... Ce dernier prononçait de temps à autre quelques paroles en faveur du Général Boulanger en faisant ressortir que le premier des Bonaparte avait été un simple général comme lui, puis était devenu Consul et enfin Empereur. H....., vers trois heures, a été porté en triomphe par ce groupe.

« D'un autre côté, on a remarqué que les blanquistes..., qui se tenaient non loin de la grille du jardin des Tuileries, s'étaient précipités sur le passage du Général Boulanger et l'avaient acclamé.

« ..... Ceux qui manifestaient le plus bruyamment n'étaient pour la plupart que *des gamins, des colporteurs d'imprimés et des camelots.*

« Diverses rixes ont eu lieu entre des boulangistes et des personnes qui avaient crié « *Vive la République !* » ou « A bas Boulanger ! » (Cote 754. *Ann.*, p. 234.)

M. le Chef de la police municipale s'était trouvé dans

la nécessité de prendre de sérieuses mesures ; la garde républicaine fut en partie massée sur la place, le surplus avait été consigné dans les casernes. (Cote 760. *Ann.*, p. 235.)

Quiconque se refusait à acclamer Boulanger était frappé ou poursuivi ; quelques citoyens coururent de grands dangers. (Cote 756.)

A deux heures, la police dut charger pour refouler les soi-disant manifestants. (Cote 755.)

A trois heures, on en comptait 10.000 sur la place de la Concorde et aux alentours. A quatre heures dix minutes, les agents barraient le passage à une bande de 2.000 individus dans la rue Montmartre. La circulation ne fut rétablie, rue de Rivoli, qu'à cinq heures cinquante minutes.

A l'heure fixée par Rochefort, le Général parut sur la place de la Concorde, en voiture découverte ; il en fit le grand tour au pas, saluant comme un souverain. Devant lui s'avançait, à la même allure, une voiture-réclame avec des affiches multicolores, ce qui sembla causer un certain malaise à Boulanger ; ce spectacle excita dans la foule beaucoup de sourires involontaires. (Déposition de M. Lépine, secrétaire général de la Préfecture. Cote 524. *Dép.*, p. 123.)

Toute la soirée, même après dix heures, des colonnes parcoururent la rive droite ; dispersées sur un point, elles se reformaient sur un autre ; les gens paisibles étaient poursuivis par des cris de « Vive Boulanger ! » Il y eut des collisions et des arrestations. (Cotes 755, 756.)

Le 27 avril, Boulanger donna un dîner politique au café Riche. Jusqu'à neuf heures et demie, le boulevard avait conservé sa physionomie habituelle, lorsque tout à coup la foule devint considérable, et de divers points partirent, comme si c'eût été un signal, des cris de « Vive Boulanger ! » Les agents, marchant par pelotons de quatre, rétablirent la circulation et arrêtèrent quelques mutins. Vers minuit, M. Deroulède, sortant du restaurant, s'arrêta au milieu de la chaussée, se découvrit, attira ainsi le public autour de lui, et cria d'une voix vibrante « Vive Boulanger ! » M. Le Hérissé essaya de son côté d'échauffer la foule. On les entraîna l'un et l'autre, mais leur provocation n'était pas restée sans effet, et une bagarre assez sérieuse se produisit. Enfin la police, au bout d'une demi-heure, devint définitivement maîtresse du terrain. (Cote 753. *Ann.*, p. 235.)

On parlait de poursuivre M. Deroulède pour tapage nocturne. Aussitôt Rochefort lança une de ses menaces habituelles dans l'*Intransigeant* du 3 mai : « Il est possible que cette nouvelle gaffe soit commise.... mais *nous croyons devoir avertir le Ministère que le jour du procès il y aura vraisemblablement quelques patriotes autour du Palais de Justice*. De sorte que pour se donner la satisfaction de réprimer un tapage nocturne, les ennemis du Général Boulanger auront eux-mêmes organisé *un joli tapage* diurne. » (Cote 893.)

Au cours de ce même mois d'avril (1888), les étudiants de Nancy, irrités de l'attitude agressive de quelques boulangistes de cette ville, avaient parlé de faire une protestation. Des manifestations furent aussitôt organisées contre eux. Le public fut convoqué par lettres et par affiches. Le 28 et les soirs suivants le désordre éclata, la tranquillité publique fut gravement troublée ; au milieu de la bagarre, un coup de pistolet fut tiré, une balle brisa la glace d'une devanture de magasin.

Les meneurs boulangistes, au nombre de six, furent arrêtés le premier soir et condamnés par le tribunal de police correctionnelle. On avait saisi sur eux des pièces qui établissaient clairement leur entente avec les fauteurs du complot. L'organisateur nancéen envoya les télégrammes ci-après à Paris :

Le premier était adressé au journal *la France* : « Situation se gâte. Ai envoyé dépêche Laguerre pour décider venir. Envoyez un [des] vôtres. Avons besoin soutiens. Manifestation recommence ce soir. » (Dossier de Nancy. Annexe III.)

Le second était adressé au sieur Laguerre : « Manifestations boulangistes continuent ce soir. Six manifestants condamnés ce matin façon ignoble. Partialité manifeste police et parquet. Votre présence, ou minimum conseil nécessaire; venez, rendrez service à braves gens. » (*Ibid.*)

— Le 15 octobre de nouveaux désordres se manifestèrent à Paris aux cris de « Vive Boulanger ! » Le rapport adressé le lendemain à la préfecture est ainsi conçu : « Malgré ce qu'en disent les journaux dévoués à M. Boulanger, la manifestation organisée hier en faveur du Général par *une bande d'individus recrutés spécialement et payés pour la circonstance* est loin d'être du goût de la population parisienne. On a entendu diverses personnes qui ont assisté à la manifestation d'hier, des commerçants notamment, et qui jugeaient sévèrement les manifestants, les traitant de bandits, de repris de justice, etc. Toutes ces personnes étaient d'accord pour réclamer contre ces individus d'énergiques mesures de répression. » (Cote 742. *Ann.*, p. 237.)

Le 26 de ce même mois d'octobre, deux manifestations eurent lieu simultanément.

D'une part, Boulanger se rendit à la représentation du théâtre du Château-d'Eau. « Il est arrivé à huit heures et demie, constatent les agents de la police, et quelques individus, une dizaine environ, de corpulence robuste, qui paraissaient former sa garde du corps, l'attendaient à la porte extérieure du théâtre et l'ont salué silencieusement..... Ce n'est qu'après le deuxième acte que des cris de : « Vive Boulanger ! » se sont élevés dans la salle où il n'y avait d'abord qu'une vingtaine d'individus formant un groupe tapageur..... Le Général s'est avancé sur le devant de sa loge et a salué. Les vivats ont redoublé, mais des coups de sifflet se sont fait entendre aussitôt. A la sortie, il y eut du désordre, malgré les mesures prises. Le Général sortit lentement au milieu de ses camelots qui, à un certain moment, le portèrent presque. Leur nombre avait augmenté, car « pendant l'avant-« dernier tableau, dix à douze individus vêtus miséra-« blement, quelques-uns coiffés de bérets ont payé leur

« place et sont entrés dans le théâtre avec l'intention évi-
« dente de manifester. » Le directeur du théâtre, qui prévoyait du désordre, offrit au Général de le faire sortir par la porte du quai Valmy, mais celui-ci refusa, attendit la chute du rideau et sortit un des derniers. » (Cote *id.* et 739. *Ann.*, p. 237.)

Après s'être assuré ainsi que les manifestants salariés étaient à leur poste, il monta lentement en voiture et attendit leurs premières acclamations pour partir. Les cris de désapprobation se mêlèrent aux vivats, le tumulte devint menaçant, et il fallut agir vigoureusement pour empêcher l'incident de devenir grave. « Les agents du 11° arrondissement, sous les ordres de leur officier de paix et de M. Maurice, inspecteur divisionnaire, ont ensuite déblayé les trottoirs, le coin de la rue de Malte et de l'avenue de la République. A ce dernier endroit, une collision s'est produite, un individu a été blessé par un manifestant, des arrestations ont été jugées nécessaires. » (Cote *id.* et 740. *Ann.*, p. 239.)

A la même heure, une réunion boulangiste se tenait à la salle Wagram. Le sieur Vergoin essaya en vain de jouer les rôles de président et d'orateur en face d'un groupe ardent des membres du parti ouvrier. L'estrade fut prise d'assaut, une mêlée sérieuse s'ensuivit. M. Charles Lullier tira quatre coups de revolver. Ce même Lullier et le sieur de Ménorval furent blessés. Cette fois, les provocations des boulangistes leur avaient valu une correction, leurs adversaires avaient été les socialistes; le fait était public. (Cote 741. *Ann.*, p. 240.) Cependant, le lendemain, Rochefort ne craignit pas d'écrire que les partisans du général étaient victimes de l'arbitraire et il y ajouta, suivant sa coutume, un appel cauteleux à la violence.

— *Intransigeant* du 28 octobre. « Nous tenons de très bonne source que les nouveaux chevaliers du poignard recrutés par M. Caubet pour le compte du chef chourineur Floquet se proposent de recommencer ce soir, au banquet revisionniste de l'avenue Lowendall, leurs exploits d'hier.

« Nos amis sont prévenus; les lâches gredins qui ont donné à la salle Wagram la mesure de ce qu'ils osent faire trouveront ce soir à qui parler. » (Cote 890.)

La soirée du lendemain fut en effet orageuse, mais par suite du tapage que firent les provocateurs boulangistes, et l'ordre fut encore sérieusement menacé.

Sans pénétrer plus avant dans l'examen de ces désordres organisés par Boulanger à prix d'argent, on est fondé à conclure que l'inculpé, par lui ou par ses affidés, ne cessa pas, de mai 1887 à novembre 1888, de troubler l'ordre public, d'exciter au tumulte et de préparer l'insurrection par des actes matériels.

La manifestation extérieure ou acte préparatoire est donc établie par les tentatives de trouble comme par les discours séditieux et par la transformation de l'ancienne Ligue des Patriotes.

TROISIÈME PARTIE

Les tentatives d'attentat.

Quand Boulanger tomba du Ministère, il projeta de se faire proclamer dictateur.

Alors qu'il était Ministre, « il avait déjà pris des mesures pour tenter un coup d'État » (Cote 738 *bis*); mais ensuite, quand il vit le pouvoir lui manquer, sa résolution n'en devint que plus forte.

En vain a-t-il prétendu que s'il avait conçu le projet d'un coup d'État, c'eût été au cours de son Ministère, alors qu'il avait, suivant son expression, l'armée dans la main. Cette explication n'est pas admissible. En effet, il a employé le temps de son Ministère à essayer de capter l'armée de Paris, à remplacer les chefs de corps par ses hommes les plus inféodés; il a voulu enfin, et c'est là le point culminant de ses efforts, enlever le commandement suprême du Paris militaire à un général loyal et respectable entre tous qui devait être, aux heures de crises, le plus incorruptible serviteur de la loi. Il l'a tenté, mais il n'a pu y parvenir, le fait est notoire : voilà l'obstacle qui l'a arrêté. Mais il comptait, en se perpétuant au Ministère, profiter de l'avenir et de l'imprévu; aussi, quand la crise s'ouvrit, il travailla à faire partie de la combinaison nouvelle pour obtenir la réalisation de ses ambitions sans descente incertaine dans la rue.

On a vu plus haut que Rochefort, interprète ordinaire de ses pensées, avait travaillé dans ce sens; on a vu également par les télégrammes chiffrés de Dillon combien celui-ci maudissait cette chute intempestive du Ministre ; à la même époque, deux de ses affidés, les nommés Mermeix et Nicot, disaient au témoin Allibert : « Si l'on renvoie le Général Boulanger du Ministère, il y aura une révolution. » (Déposition Allibert. Cote 272. *Dép.*, p. 327.)

L'événement ne justifia pas leurs espérances. C'est alors que l'homme décidé à arriver n'importe comment s'arrêta à l'idée de recourir aux moyens extrêmes.

Il a été exposé plus haut que Boulanger, nommé commandant du 13e corps, un mois après, avait pris l'attitude d'un exilé. Ce départ en effet allait déjouer les combinaisons secrètes; une seule chose pouvait remédier au mal; et même en faire sortir pour Boulanger un bien immédiat : il fallait que les Parisiens l'empêchassent de partir. Il pouvait compter sur les salariés ordinaires, sur tous ceux qui sont émeutiers par vocation, enfin sur la Ligue dite des Patriotes; on aurait ainsi le nombre et l'on donnerait l'illusion; les forces de la résistance pourraient défaillir devant un ancien Ministre prôné, et le lendemain, il y aurait fait accompli. Tel fut le plan.

Rochefort aussitôt annonça que les partisans du Général conduiraient celui-ci à la gare de Lyon; il fixa l'heure avec soin, annonça que le Gouvernement était inquiet, que les départements étaient émus :

— *Intransigeant* du 2 juillet. « Sitôt pris, sitôt pendu. Il partira sans avoir pris le temps de faire sa malle.... Il faut qu'il parte.... Cependant si des manifestations sont à craindre dans la capitale, elles ne le sont pas moins sur le parcours de Paris à Clermont. Il est extrêmement probable que des délégations viendront l'attendre à chaque gare.... Est-ce que le précautionneux Ferron n'a pas réfléchi à cette éventualité?... » (Cote 876.)

— *Intransigeant* du 8 (paru le 7 au matin). « *Le départ du Général Boulanger.* La presse annonçait hier le départ du Général Boulanger pour ce soir huit heures à la gare de Lyon, c'est un *lapsus calami* de notre confrère. Le Général

Boulanger prendra, en effet, *le train de huit heures du soir, mais seulement demain vendredi....* D'extraordinaires mesures de police sont ordonnées. » (Cote 875.)

— *Intransigeant* du 9 (paru le 8 au matin). « *Le train de Clermont....* Toutes les brigades de M. Levaillant et de M. Taylor n'y feront rien.... Plus on prendra de précautions, plus elles seront inutiles.... On n'achète pas un pays.... *L'indignation* contre les flibustiers qui l'ont livré par morceaux *ne demande qu'à faire explosion.* » (Cote 874.)

Il convient maintenant d'étudier heure par heure ce qui s'est passé le 8 juillet 1887 au soir, à la gare de Lyon, lorsque Boulanger a commis la tentative d'attentat conformément aux provocations de Rochefort.

7 h. 20 soir. — *Télégramme au directeur de la sûreté générale :* « 12 à 1.500 personnes stationnent rue de Rivoli, devant l'hôtel du Louvre, attendant le départ du Général Boulanger. La foule chante : « Il reviendra ». Les voitures ont de la peine à passer ; la foule grossit, la circulation sera interrompue bientôt..... » (Cote 704. *Ann.*, p. 243.)

— *Commissaire spécial gare de Lyon à Intérieur.* — *8 h. 25* : « Gare envahie par la foule qui se précipite sur les voies et rend toute manœuvre impossible. Affluence énorme aux abords. Général vivement acclamé. Groupes nombreux sur la toiture des trains..... Toute résistance à la foule impossible. » (Cote 705. *Ann.*, p. 243.)

— *Chef exploitation P.-L.-M. à Préfet de police.* — *8 h. 25 :* « La situation s'aggrave à gare Lyon, elle est envahie. Les manœuvres sont impossibles. Il y a lieu de prendre sans retard d'énergiques mesures si vous voulez éviter de plus grands, de plus sérieux désordres. » (Cote 706. *Ann.*, p. 244.)

— *Chef exploitation gare Lyon à Ministre de la guerre.* — *8 h. 30* : « La foule nous a envahis ; la situation devient grave ; avisez d'urgence..... Aucun train ne peut plus partir. *La foule s'oppose à tout départ.* » (Cote 707. *Ann.*, p. 244.)

— *Chef exploitation à général gouverneur de Paris. — 9 h. 13* : « Notre gare est envahie. Aucun train ne peut plus entrer ni partir.. Situation s'aggrave ; *plusieurs milliers d'hommes cherchent à empêcher départ du général Boulanger.* » (Cote 708. *Ann.*, p. 244.)

— *Commissaire surveillance à Travaux publics, Préfet police et Procureur République, 9 h. 10.* — « Situation la même qu'à 8 h. 3/4. La foule entoure le train, couvre les plates-formes des voitures, impossible faire partir. Environ 15.000 personnes sont massées sur les voies et sur les quais. » (Cote 709. *Ann.*, p. 241.)

— « 500 personnes entouraient la machine, *se couchaient sur les rails, se pendaient aux roues.* » (Déposition de M. Honnorat. Cote 525. *Dép.*, p. 127.)

L'irruption s'était produite par la rupture des portes, « qui s'était opérée instantanément comme en vertu d'un mot d'ordre. » (Déposition de M. le Secrétaire général Lépine, Cote 524. *Dép.*, p. 129.)

On donnait aussi le mot d'ordre au dehors, où s'agitait une foule énorme. « A partir de 8 heures, un homme placé à la terrasse de la brasserie Gruber met de temps en temps son chapeau haut de forme au bout de sa canne ; à ce signal, le boucan recommence. La foule devient plus hostile et accueille chaque charge des agents par des sifflets. » (Cote 715. *Ann.*, p. 242.)

Quelle fut la conduite personnelle de Boulanger ? Il avait d'avance fixé son heure, et Rochefort avait, à sa parfaite connaissance, donné le rendez-vous. Il trouva 1.500 personnes dans la rue de Rivoli à son point de départ ; c'était de nature à l'avertir et à l'arrêter, s'il n'avait eu le projet ferme d'exciter le mouvement populaire dans la rue. Cependant, il y alla sans hésiter.

Il gagna les abords de la gare à huit heures un quart et se trouva en face de 20.000 personnes exaltées (Déposition Honnorat. Cote 525. *Dép.*, p. 127) ; il se livra à elle sans balancer ; on le porta en triomphe ; c'est ainsi qu'il entra, au bruit des portes brisées. Çà et là courait le président de la Ligue, excitant la foule. (Cote 711. *Ann.*, p. 245.)

A un certain moment les efforts des agents et des employés de la gare furent sur le point d'aboutir et le chef de service donna le signal du départ. Boulanger n'avait qu'à repousser ceux qui étaient près de lui, qu'à s'en détourner, et le train l'aurait emporté aussitôt loin de ces scènes de désordre : il s'en garda bien.

Alors « *quelques manifestants décrochèrent rapidement la voiture du général et rendirent ainsi le départ du train impossible.* » (*Ibid.*)

Il resta ainsi, de huit heures trente à dix heures, à la disposition des 20.000 individus qu'il avait trouvés à son arrivée et dont le nombre augmentait à chaque minute, tous venus pour lui et dont l'ardeur finissait par se changer en exaspération.

Pouvait-il se tromper sur leurs intentions? Non : « .... *La foule ne cessait crier : « Il ne partira pas ! « A l'Élysée !* » (*Ibid.*)

En entendant ces cris, a-t-il protesté? A-t-il essayé de s'y soustraire? Nullement; il est resté au milieu des clameurs que sa présence encourageait, dans une gare immense où mille prétextes, mille issues dérobées permettaient au moins une tentative de retraite. Sa présence était une excitation, son silence une adhésion ; il était prisonnier non de la foule, mais de son projet criminel.

Sans doute il ne s'est pas mis résolûment à la tête de ces 20 ou 30.000 hommes qui criaient « A l'Elysée ! » pour essayer de les y conduire. Cet acte de suprême violence, alors que le résultat n'était pas certain, pouvait répugner à sa nature efféminée ; il attendait vraisemblablement que l'agglomération fût devenue irrésistible par sa masse, ou plutôt que les mouvements organisés à la même heure du côté de l'Opéra aient fait dégénérer l'échauffourée en insurrection générale. Voilà la vérité. Qu'on se reporte aux dépêches :

A 9 h. 20, *les manifestants de la gare avaient détaché son wagon et s'étaient couchés sur les rails en criant : « Il ne partira pas ! A l'Elysée !* » (Cote 711 et 713. *Ann.*, p. 245 et 248). — Or, voici une dépêche de la même minute, qui suffirait à convaincre les plus incrédules :

..... « A 9 h. 20, une première bande de 400 manifestants chantant *la Marseillaise* et criant « Vive Boulanger ! » s'est dirigée *vers l'Elysée* par la rue Saint-Honoré. Elle a eté coupée. Les boulevards et les abords de l'Opéra sont encombrés par une foule considérable. » (Télégramme du Préfet de police à Intérieur..)

Il ne s'agissait donc pas d'une manifestation au sens vrai du mot, puisque le désordre éclatait si loin de Boulanger, et le sentiment qui excitait certaines des bandes s'explique aisément par ce fait qu'elles marchaient sur l'Elysée. La gare de Lyon n'était donc qu'une base d'opérations, c'est bien l'Elysée qui était l'objectif.

Et il restait, impassible, dans la gare. Attendait-il les nouvelles de la tentative du faubourg Saint-Honoré, où les nouvelles de l'émeute qui grondait en même temps place de la Bastille ?

Hésitait-il, ainsi que tous les conspirateurs ont hésité au dernier moment ? Peu importe ; il a provoqué au trouble, les troubles ont existé, il y a eu incontestablement commencement d'exécution.

Ici se dresse en apparence l'objection juridique : La tentative a-t-elle manqué son effet par une circonstance indépendante de sa volonté ? L'affirmative n'est pas douteuse.

Boulanger n'est pas parti spontanément. Il n'a renoncé à son entreprise que lorsqu'il lui a été impossible de faire autrement. Pendant plus d'une heure, il a attendu la rupture des dernières digues, la généralisation du soulèvement, l'explosion finale ; et il a tout favorisé par sa présence. Les choses en étaient là, lorsqu'à neuf heures cinquante l'événement s'est modifié. En premier lieu, les anarchistes, sur lesquels il avait indubitablement compté, ne voulaient pas prendre part au mouvement.

« Je n'ai rencontré aucun anarchiste dans les manifestants, dit un commissaire de police; les anarchistes détestent autant les Deroulèdes que les gardiens de la paix, et ils ne veulent pas faire le jeu de ceux qui demandent la revanche. » (Cote 715. *Ann.*, p. 242.)

En second lieu, sa troupe fut mise en déroute sous ses yeux, voici comment : M. Lépine, secrétaire général de la Préfecture de police, effrayé des résultats possibles de ce coup de force, avait pénétré sur les quais de la gare par un passage secret; puis s'étant rendu compte de la gravité de la situation, il était parvenu à sortir vers neuf heures, et s'était glissé jusqu'à la place de la Bastille, où M. Honnorat, officier de paix, luttait à la tête de 250 agents. Il prit aussitôt ses mesures, garda avec lui une centaine d'hommes pour contenir le flot par des charges réitérées (Déposition Lépine, Cote 524. *Dép.*, p. 123), et l'officier de paix, avec les 150 autres agents, s'avança à grand peine vers la gare, y pénétra enfin et prit énergiquement à revers la foule tumultueuse qui occupait les voies. Les soi-disant manifestants, ne sachant à quelle force ils avaient affaire, furent ébranlés. (Déposition Honnorat. (Cote 525. *Dép.*, p. 127.) Le résultat de cette courageuse attaque est consigné dans le rapport suivant :

« A neuf heures quarante-cinq, quelques brigades, commandées par M. Honnorat et deux autres officiers de paix sont arrivées dans la gare et ont pu faire évacuer les voies. » (Cote 711. *Ann.*, p. 245.)

C'était la défaite. Alors le Général Boulanger, conseillé par le chef de gare et par quelques amis, profitant de l'arrivée de ces nouveaux agents, monte sur une locomotive isolée et se rend ainsi à Villeneuve-Saint-Georges pour attendre l'arrivée du train qui doit le conduire à Clermont. » (Cote 711. *Ann.*, p. 245.)

Ainsi donc, il est parti quand la force armée avait refoulé la troupe des gens qui se vantaient à grands cris de le conduire à l'Élysée ; il est parti lorsque son arrestation pouvait être regardée comme imminente, quand le chef de gare l'adjurait et quand ses amis lui conseillaient de s'éloigner, estimant la partie perdue. C'est à la double pression de cette action matérielle et de cette action morale qu'il cède; il s'en va parce qu'il y est contraint.

La tentative est donc nettement caractérisée.

D'ailleurs, qu'on s'en souvienne bien, Boulanger ne s'en va que pour revenir ; il ne renonce pas à son projet, il va en poursuivre sans interruption « la reprise », suivant l'expression de Dillon. Lui parti, rien n'est terminé ; suivons le récit des faits pas à pas.

« Après le départ de la locomotive sur laquelle était monté le Général, la foule, en se retirant, *continuait à crier : A l'Élysée !* A bas le Ministère ! A bas Grévy ! » (Cote 711. *Ann.*, p. 245.)

« .... La foule sortit de la gare par le grand escalier, *portant en tête des drapeaux tricolores* et chantant : « .... C'est Boulange qu'il nous faut ! » *et criant : « A « l'Élysée !* A bas Grévy ! A bas le Ministère ! » (Cote 715. *Ann.*, p. 242.)

Devant la colonne de Juillet, le désordre était tel qu'il fallut charger. (*Ibid.*)

La mêlée se prolongea, sept ou huit charges nouvelles furent exécutées. A onze heures un quart, un groupe nombreux, à la tête duquel se trouvait *un officier en uniforme*, envahit la brasserie Gruber, déjà pleine de monde, et se mit à provoquer les agents. Là il y eut bataille. Du premier étage on lançait sur la police des chaises, des bocks, des tables. Ordre fut donné aux agents en péril d'enlever d'assaut l'établissement. Ceux-ci, exaspérés, pénétrèrent dans la brasserie; de part et d'autre on s'arma de chaises, de tabourets, etc. M. le secrétaire général fut lui-même légèrement blessé d'un éclat de verre. Enfin, force resta à la loi. (Cotes 524, 715. *Dép.*, p. 123. *Ann.*, p. 242.)

A minuit cinq minutes, M. le Préfet de police envoyait à M. le Ministre de l'Intérieur la dépêche ci-après : « Tout est tranquille du côté de l'Elysée. La foule ne diminue pas aux abords de l'Opéra et continue à chanter et à crier, mais on espère que tout se passera sans incident grave. Une bande de 500 individus a été signalée rue Montmartre. Une autre bande d'un millier d'individus a passé le pont Royal et le pont des Tuileries se dirigeant rue du Bac » (Cotes 808 et 809. *Ann.*, p. 224 et 225.)

Personne ne s'est trompé sur la nature et la portée de cette émeute. Les alliés actuels de Boulanger ont été le lendemain du 8 juillet 1887 ses plus ardents dénonciateurs. Il n'est pas inutile de rappeler quels furent ses témoins spontanés ou plutôt ses accusateurs de la première heure.

On citera notamment l'*Autorité* du 11 juillet parue le 10 et qui est classée au dossier sous la cote 872. « Ernest César, salut! 100.000 hommes, dit *La Lanterne*, 150.000, dit l'*Intransigeant*, t'ont accompagné... et ont crié : Il ne partira pas. Elle voulait te garder, cette foule, te garder au milieu d'elle et *te mener triomphalement à l'Élysée* pour t'y installer au lieu et place du..... qui s'y trouve.

« .... Et pourtant tu n'as vaincu ni Pompée ni les Gaulois... Tu as ta barbe, ta barbe fauve, et cela suffit... D'ailleurs *tu t'étais offert et les avances viennent de toi*... C'est le moment où la dictature doit éclater à l'horizon, comme l'arc-en-ciel. — Paul de Cassagnac. »

On lisait dans un article suivant du même numéro, sous ce titre « *L'inévitable Deroulède* », le passage que voici : « .... Il était là.... Ne manquant pas une occasion de se mettre en évidence.... A un moment même, Deroulède s'est cru obligé de parler aux manifestants..... Le Gouvernement est-il suffisamment éclairé, et son devoir n'est-il pas tout indiqué par la dissolution immédiate de la prétendue Ligue des Patriotes dont le caractère essentiellement politique *et au besoin séditieux* n'est plus un doute pour personne. »

Le même numéro contenait un troisième article non moins frappant; on y lisait : « Alors il n'y a plus de Gouvernement? On oblige les passants à crier « Vive Boulanger! ..... *C'est M. Boulanger qui a voulu cette manifestatio c'est lui qui a communiqué l'heure de son départ. C'est l qui a donné ce rendez-vous à la foule*..... Non content ne pas s'y dérober, *il est allé au-devant*..... Est-ce tol rable? ..... La révocation de Boulanger, la dissolution la Ligue des Patriotes, voilà ce qu'ordonnerait sans cou férir un Gouvernement qui aurait de la cervelle dans la tê et du cœur au ventre. »

Boulanger s'était promis une prompte « reprise ». était à peine parti que la police recueillait partout ces prop au milieu des groupes ameutés le soir du 8 juillet : « Ce ne fait rien, on recommencera le 14. » (Cote 715. *Ann* p. 242.)

Nul ne l'ignorait; le journal déjà cité, l'*Autorité*, disa en propres termes : « *Le 14 juillet, la foule va s'empar de nouveau des rues* et des boulevards, et l'on entendra nouveau les cris : « A bas Grévy! Mort au Ministère! A b le Ministère allemand! » cris que nous enregistrons d'apr l'*Intransigeant, qui sait assurément à quoi s'en tenir. D'i calculables désordres peuvent s'ensuivre;* de terribles co séquences peuvent en découler. — P. de C. » (Cote 872.)

Pour dissiper le dernier doute, Rochefort se hâta d'a noncer le mouvement.

— *Intransigeant* du 11 (paru le 10). — « ..... Tous l articles de journaux et tous les discours officiels *n'arrivero pas à faire taire un peuple* qui tient à exprimer ses symp thies aux uns en même temps que son mépris aux autres... (Cote 873.)

— *Intransigeant* du 14 (paru le 13). — « La revue Longchamps donne le cauchemar à nos Ministres... Aus tout le monde tire-t-il des plans pour atténuer, contrecarr *la colossale manifestation qui se prépare*. » (Cote 871.)

— Article suivant du même numéro. — « ..... *Le publ est prévenu;* il lui suffira, pour déjouer cette manœuvre, se rendre de très bonne heure à Longchamps. *Le Gouvern ment a besoin d'une nouvelle leçon : il l'aura* quoi qu'il fasse, *quelques précautions qu'il prenne.* » (*Ibid.*)

— *Intransigeant* du 15 (paru le 14 au matin). — Titre : *Place au peuple! Au peuple de Paris!* « *Le peuple de Paris tout entier se rendra cette après-midi à la revue.* »

Au lendemain d'une injustice énorme commise à l'égard du *seul homme* qui depuis 17 ans ait songé à l'organisation de notre défense nationale, il n'est pas douteux que des manifestations se produisent, *très nombreuses et très ardentes*.... Pas de violences *inutiles;* de la fermeté seulement.... Nous sommes des citoyens qui ont leur idée et qui lui donnent un nom. Hélas! ce nom n'appartient à aucun des gens du cabinet, *ni de l'Elysée.* Tant pis! » (Cote 870.)

Examinons les faits qui se sont produits le 14 juillet 1887. On verra sans peine que, tout comme la semaine précédente, il s'agissait non d'une manifestation, mais d'un coup d'État à risquer. Voici les documents :

— « Ce jour-là, déclare M. l'officier de paix Honnorat, j'ai été chargé de la protection du cortège officiel. Assisté des troupes de police et de l'armée, j'ai établi un fort cordon depuis le Palais de l'Elysée jusqu'à la tribune du champ de courses.

« Il n'arriva rien d'inquiétant avant que le cortége n'eût atteint la grande Cascade; mais là on rencontra une masse considérable de manifestants réunis par les soins de la Ligue, qui ont accueilli le Chef de l'Etat et sa suite par des vociférations et aux cris de : « Vive Boulanger! » Au retour, mêmes démonstrations hostiles et violentes. M. le Ministre de la Guerre a été insulté grossièrement. » (Cote 525. *Dép.*, p. 127.)

— M. Clément, commissaire de police, avait été également chargé de maintenir l'ordre, car on était prévenu qu'une manifestation était préparée. M. Deroulède avait refusé l'emplacement qu'on lui avait assigné; il émettait la prétention d'occuper à son gré telle tribune, ou de défiler avec sa Ligue suivant ses convenances. M. Clément apprit à la dernière heure que ce même personnage avait contremandé ses ligueurs; mais ce renseignement aura été inexact, ou du moins le contr'ordre mystérieux n'aura été que partiel, car M. Deroulède vint se cacher derrière un massif, près de la cascade, où des émissaires venaient lui parler; lorsqu'il vit qu'on avait découvert sa retraite, il s'éloigna dans la direction de Paris... Les généraux furent hués, les cris : « Vive Boulanger! » éclatèrent sur le passage des membre du Gouvernement; des pierres furent jetées à M. le Ministre de la Guerre, le Chef de l'État fut l'objet des mêmes outrages. (Déposition de M. Clément. Cote 118. *Dép.*, 132.)

Le mouvement projeté avait sans doute trouvé des complices jusqu'au Ministère de la Guerre, car voici un détail frappant donné par M. le Général Ferron : « ... Au 14 juillet 1887, les communications téléphoniques du Ministère de la Guerre avec le Gouvernement de Paris et la Préfecture de Police furent détruites dans les jardins de l'hôtel....» (Cote 192. *Dép.*, p. 143.)

M. le Général Ferron avait reçu les jours précédents un grand nombre de lettres anonymes. (*Idem.*)

— M. Debeurry, commissaire de police, avait la garde des Champs-Élysées depuis le rond-point jusqu'à la place de la Concorde. Il n'y eut là de désordres qu'au moment du retour. M. le Ministre de la Guerre et son escorte furent assaillis d'outrages aux cris de : « Vive Boulanger ! « A bas Grévy ! » L'organisation était évidente. (Déposition de M. Debeury. Cote 527. *Dép.*, p. 134.)

— M. le général Saussier, gouverneur militaire de Paris, a été entendu par la Commission d'instruction. « A la revue du 14 juillet 1887, dit-il, il y eut une grande manifestation *anti-patriotique,* fomentée probablement par les partisans du Général Boulanger, *qui a indigné toute l'armée.* J'ai dû prendre à cette occasion des mesures d'ordre exceptionnelles. » (Déposition de M. le général Saussier. Cote 165. *Dép.*, p. 139.)

L'inquiétude en effet était extrême. Les effectifs n'étant

pas au complet, M. le général Ferron dut appeler à Paris deux régiments tirés des garnisons de Senlis et de Melun. Cet éminent officier, parlant de l'affront qu'on essaya de faire subir à la revue, à lui-même et aux autres généraux de notre armée, aux cris de : « Vive Boulanger ! » s'est exprimé en ces termes devant la Commission : « Ce spectacle a été le plus douloureux auquel ait pu assister un officier général dont la carrière a été toute de travail et qui, depuis 1870, n'a vécu que dans une seule pensée : le relèvement de son pays..... C'était un spectacle écœurant donné par *des hommes se disant patriotes!*.... Si je n'ai pas fait charger les insulteurs, c'est qu'ils se tenaient derrière un double rang de personnes inoffensives..... Cela seul les a préservés de la correction qu'ils avaient méritée. » (Déposition de M. le général Ferron, Cote 192. *Dép.*, p. 143.)

Pendant que se produisaient ces graves incidents, des gens apostés vendaient dans tout Paris une imitation de pièces de 5 francs à l'effigie de Boulanger. Il y était représenté avec le chapeau à plume de général en chef, la pièce portait ce titre en exergue : « Boulanger, Ministre de la France. » On y lisait, comme sur une médaille commémorative, la date du 14 juillet 1887. (Cotes 1149, 1150 et 1151. *Ann.*, p. 255 à 259.)

Les bandes ne se bornèrent pas à insulter nos généraux au nom d'un Général ; malgré le découragement produit sur elles par le déploiement des troupes, elles osèrent s'attaquer à un régiment isolé, celui que commandait M. Riu, aujourd'hui général. Il est bon de rappeler que ce régiment était celui que Boulanger a fait le plus travailler, on en a la preuve matérielle dans les nombreuses pièces saisies chez le dépositaire de ses papiers et de sa cantine. La déposition de M. le général Riu serait tout entière à citer ; nous en donnons du moins ci-après une fidèle analyse :

A la revue du 14 juillet 1887, il constata que les clameurs et les insultes ardentes produisaient une pénible impression sur sa troupe. Les officiers et les sous-officiers étaient visiblement surpris de ce grand désordre et des cris qui pouvaient laisser supposer que l'armée allait voir diminuer la respectueuse considération qui lui est due. Au retour, vers l'Arc de Triomphe, il rencontra une foule plus considérable. *L'attitude de celle-ci devint plus menaçante.* « Je fis, dit le général, ralentir l'allure afin de donner plus de cohésion aux bataillons et pour mieux placer les hommes dans la main des officiers. La foule, à ce moment, était devenue *tellement bruyante et compacte* que ma monture se cabra et se jeta de côté. Les mesures d'ordre furent doublées.... Je pus regagner le quartier.... *Il s'en est fallu de rien que je fusse dans la nécessité pénible de prendre les mesures commandées en pareil cas pour empêcher une troupe d'être coupée;* et ce ne fut que grâce au très grand sang-froid de mes officiers et à la confiance absolue que j'ai dans ma troupe qu'*une collision a été évitée.*

«... *La foule paraissait disciplinée et guidée par un mot d'ordre comme pour l'exécution d'un plan prémédité. Elle se portait en avant et sur les flancs du régiment* pour en gêner la marche, et poussait frénétiquement des cris susceptibles de troubler l'esprit d'une armée moins décidée à rester quand même fidèle aux principes de discipline et d'obéissance aux lois. » (Déposition de M. le Général Riu, Cote 444. *Dép.*, p. 135.)

Le bon sens indique que cette foule *disciplinée* ne se livrait pas là à ce que Rochefort s'obstine à appeler une « manifestation » ; *elle tâtait*, avec la résolution venue d'un mot d'ordre, ce régiment pour le rompre à l'improviste ou lui faire mettre la crosse en l'air. Elle savait bien que si cette troupe modèle et composée de vétérans se fût débandée, le sort de la journée pouvait dépendre de là.

Il est impossible de ne pas reconnaitre dans ces faits un commencement certain d'exécution de l'attentat.

La tentative ayant échoué, les agents de Boulanger n'abandonnèrent pas encore la partie. Il suffit de lire, pour s'en convaincre, la déclaration de M. Debeury :

« Vers deux heures après minuit, une bande de 1.500 à 2.000 individus est arrivée vers l'Elysée par le bas du faubourg Saint-Honoré, criant : « *A bas Grévy! Enlevez-le! A l'Élysée!* »

« Prévenu par mes éclaireurs des grands boulevards qui s'étaient repliés, je parvins à refouler la colonne. J'arrêtai six personnes, dont une armée d'un revolver. Une autre venait de subir une peine de cinq années d'emprisonnement. » (Déposition de M. le commissaire de police Debeury, Cote 527. *Dép.*, p. 134.)

Les faits qui précèdent suffiraient, mais il en est un autre dont la révélation va jeter sur la tentative du 14 juillet un jour éclatant :

Boulanger, forcé d'abandonner l'émeute vaincue à la gare de Lyon six jours auparavant, était secrètemeent revenu à Paris le 14 pour prendre sa revanche, inspirer ou diriger sur place le désordre, et se réserver d'apparaître à l'instant propice.

En effet, il était arrivé le 9 à Clermont, il y avait été reçu officiellement le 10, il devait passer la revue de ses troupes le 14, rien au monde ne pouvait motiver ni justifier son absence, et cependant il se faisait porter malade, laissait à un autre général le soin de passer à Clermont la revue du jour de la Fête nationale (Cote 537 *bis*. *Ann.*, p. 249) et quittait clandestinement le siège de son commandement pour venir s'embusquer à Paris à quelques pas des émeutiers que Rochefort avait provoqués.

On ne le sut pas immédiatement. Ce n'est que le 16 que M. le Préfet de police reçut le rapport suivant : « On affirme que le Général Boulanger était incognito à Paris le 14 juillet, et qu'il y serait encore. » (Cote 702.)

Depuis lors on en a eu par d'autres agents la certitude matérielle : Le 14 juillet 1887, il était secrètement descendu boulevard Malesherbes, 155, dans le petit appartement occupé par une femme Pourpe, son ancien agent de Tunisie, *qu'il était allé visiter* à la prison lorsqu'elle subissait une peine pour escroquerie. Il a été aperçu à cet endroit et parfaitement reconnu. (Cote 443 *bis*. *Dép.*, p. 291.)

Ajoutons qu'avec sa franchise habituelle, il a fait paraître deux jours après dans la *France* une lettre qu'il avait datée ainsi : Clermont, 14 juillet, et il était à cette date caché dans Paris.

Malgré l'insuccès du 14, il n'avait pas le projet d'abandonner les moyens violents, car il a adressé, le 30, à Flachon (Déroulède) le télégramme chiffré ci-après :

« Si vous vouliez encourager effervescence n'avez pas répondu. Signé Fidèle. » Ce qui doit se lire ainsi en rétablissant la véritable construction de la phrase : « *N'avez pas répondu si vous vouliez encourager effervescence.* » (Cote 655. *Ann.*, p. 248.)

En poursuivant cette étude des pièces du dossier, on arrive aux événements qui se sont produits à Paris du 28 novembre au 3 décembre de la même année 1887, à l'occasion de la crise présidentielle.

Il est inutile de rappeler quelle fut l'émotion du monde politique lors de la démission de M. le Président Grévy et de la réunion du Congrès à Versailles. Qu'il suffise de rappeler qu'à cette époque Boulanger était venu régulièrement de Clermont à Paris comme membre de la Commission de classement des officiers. Militaire en activité de service, il n'avait pas le droit de se mêler de politique, et, cependant, nous l'allons voir ardemment jeté dans la lutte et ne dissimulant point qu'il compte faire tourner les événements à son profit.

Une première réunion est tenue chez le sieur Laguerre; députés et journalistes discutent librement; aucun d'eux, sauf le sieur Laguerre, n'a le secret du complot. Boulanger écoute, on l'interroge... « Le Général gardait un silence énigmatique qui fut remarqué. » (Déposition G., Cote 174. *Dép.*, p. 161.)

A un certain moment, l'hypothèse d'un mouvement populaire fut émise, une vive controverse s'éleva, on parla du rôle de l'armée en cas de troubles. « L'armée? dit Boulanger; elle restera dans ses casernes. » (Déposition R., Cote 168. *Dép.*, p. 151. Déposition P., Cote 177. *Dép.*, p. 164.)

Sans doute un témoin a modifié le propos en le réduisant à ces termes : « Pour éviter l'effusion du sang, il n'y a qu'à laisser les troupes dans leurs casernes. » (Déposition M., Cote 171. *Dép.*, p. 158.)

Mais un témoin précédemment cité affirme ceci : « Je n'ai pas entendu le propos. Je puis dire toutefois qu'il a été attesté par quelques membres de la réunion, qui y attachaient des interprétations diverses. » (Déposition G., Cote 174. *Dép.*, p. 161.)

M. M..., qui entrait dans le salon à ce moment, a entendu seulement, dit-il, cette fin ou ce lambeau de phrase : « Soldats dans les casernes ». (Déposition M., Cote 169. *Dép.*, p. 156.)

Disons en passant que, d'après ce témoin, Boulanger avait déja pris part la veille à un conciliabule politique chez Durand.

Quel que soit le texte exact de la phrase, son sens et sa portée ne sont pas ambigus, aussi l'impression ressentie par les auditeurs a été générale et profonde.

Comment l'ont appréciée les officiers généraux auxquels elle a été incidemment rappelée dans l'instruction ?

— M. le général Logerot : « Si le fait est exact, il constitue une des fautes les plus graves qu'un officier général puisse commettre. » (Cote 194. *Dép.*, p. 186).

— M. le général Saussier : « Je ne connais ce fait que par la notoriété publique. Si le Général Boulanger avait tenu le propos qu'on lui prête, il aurait insulté gratuitement l'armée de Paris et même trahi ses devoirs militaires. » (Cote 165. *Dép.*, p. 139.)

— M. le général Ferron : « S'il a dit cela, il a prouvé qu'il ne connaissait pas l'armée. Oui, l'armée serait sortie de ses casernes sans hésiter; tout était prêt, on était sûr d'elle.

« Si j'avais su que le Général Boulanger, assistant à une réunion politique, ne s'était pas retiré lorsque la proposition de provoquer une rébellion contre une décision possible du Congrès avait été faite, si j'avais connu les paroles qui lui ont été attribuées depuis, il eût été de mon devoir, bien que Ministre démissionnaire, d'appeler l'attention du Président de la République sur la gravité de la faute commise par le commandant du 13e corps, et de lui exprimer l'avis que sa conduite devait être soumise au jugement d'un conseil de guerre.

« J'estime, d'ailleurs, que le seul fait d'assister à une réunion politique constitue de la part d'un officier général en activité de service un manquement grave à ses devoirs militaires. » (Cote 192. *Dép.*, p. 143.)

Le manquement militaire était d'autant plus grave dans la circonstance que Boulanger était cette nuit-là à Paris en violation des ordres formels du Ministre. En effet celui-ci, préoccupé de la situation, avait prescrit à tous les chefs de corps d'armée de rejoindre leurs postes sans délai. Tous obéirent, excepté Boulanger. Il devait partir à 8 h. 1/4 par ce train qu'il avait si bien su prendre le 8 juillet; or, à 10 heures, M. le Ministre apprit qu'il était resté à Paris. « Un peu inquiet, déclare-t-il, je lui réitérai l'ordre à l'hôtel du Louvre par un officier d'ordonnance. Le lendemain matin il m'accusa réception et partit. Je n'ai jamais su où il avait passé la nuit. » (*Id. Dép.*, p. 14.)

Cette nuit, à vrai dire, fut bien occupée. En quittant le salon du sieur Laguerre, il alla autre part, et dans une société plus intime, engager des pourparlers politiques dont l'instruction a découvert tous les détails. On projetait de faire retirer sa démission au chef de l'État et de donner à la France M. Andrieux comme premier Ministre. On devait attribuer au sieur Laguerre le Ministère des Postes et des Télégraphes.

Le Général examina sa situation personnelle : « Je ne veux pas faire partie du Ministère, conclut-il, parce que je ne veux pas compromettre ma popularité pour sauver celle de Grévy, ... mais je vous donnerai Jung. (M. Jung était son ancien chef de cabinet.) — Et si ce Ministère, demanda-t-on à un familier de M. Boulanger, avait été mal reçu à la Chambre, comme c'est fort probable ? — Oh, reprit le familier en question, M. Andrieux a eu là-dessus un mot charmant. Il nous a dit : « C'est bien simple, j'aurais *oublié* d'envoyer la police aux abords de la Chambre. »

On voit d'ici les conséquences : la foule, c'est-à-dire la Ligue, massée sur la place de la Concorde et attendant le signal, aurait envahi la Chambre, et..... (l'ami de Boulanger remplaça la fin de sa phrase par un geste expressif). — Et le Président de la République? — Mon Dieu, répondit l'ami, Andrieux renouvelait *son oubli* et n'envoyait pas de police devant l'Elysée. — Et alors certain général serait apparu sur un cheval noir et se serait laissé entraîner à l'Élysée? (Ceci était une question, le fervent Boulangiste y répondit par un sourire.) (Dép. de M. Derévoge, Cote 290; de M. Poin carré, cote 295; de M. Hanotaux, Cote 289. *Dép.*, p 172, 177, 179.)

Un témoin confirme la déposition des trois précédents et la complète ainsi : « .... On avait décidé une manifestation populaire devant la Chambre, que *la foule composée en majorité de ligueurs devait envahir*. Cette manifestation aurait été faite avec la connivence du Ministère (nouveau), sous prétexte de conserver M. Grévy, mais *en réalité pour porter au pouvoir le Général Boulanger qui se trouvait alors à Paris... Les troupes devaient laisser s'accomplir ces événements sans intervenir*, d'après les dispositions arrêtées entre les futurs Ministres. » (Déposition de M. Pelisse, Cote 288. *Dép.*, p. 176.)

Voilà bien la confirmation de la phrase de Boulanger : « L'armée restera dans ses casernes. »

On va maintenant assister à la tentative d'exécution, le sieur Rochefort y excitant comme toujours.

Intransigeant du 29 novembre. Titre : *Le plan des assas-*

sins. « Falsifier les bulletins de vote ..... serait un jeu pour le bandit (M. Jules Ferry). ..... Alors, tant mieux, *la situation révolutionnaire s'accuserait nettement, et tout serait permis* contre les misérables, qui, nous livrant à Ferry, nous livreraient à l'Allemagne.

« A côté du Conseil municipal, il y a le comité révolutionnaire dont Vaillant et Eudes sont les chefs, il y a la Ligue des Patriotes qui compte ses adhérents par centaines de mille..... *Tous les moyens seront bons*... » (Cote 866.)

— *Intransigeant* du 3 décembre : « Les manifestations d'hier, à la fois si pacifiques et *si imposantes*, se renouvelleront aujourd'hui *dans des proportions encore plus considérables.* » (Cote 863.)

— M. le général Saussier a déclaré qu'il avait dû prendre des mesures permettant de faire face à toutes les éventualités. (Cote 165. *Dép.*, p. 139.)

— M. l'officier de paix Montpellier eut mission de garder les abords de la Chambre. « Le 1er décembre (c'était l'avant-veille du Congrès), la foule s'amassa, d'abord assez calme, *semblant attendre un mot d'ordre.* M. Deroulède arriva, *et à partir de ce moment une grande agitation* se produisit. Il voulut pénétrer dans la cour, la police s'y opposa, on ferma les grilles. M. Deroulède se mit alors à haranguer la la foule. » (Déposition Montpellier, Cote 529. *Dép.*, p. 182.)

Le témoin ne peut citer les paroles de M. Deroulède, mais d'autres les ont recueillies et il est important de les rappeler, car c'est la révélation formelle du plan arrêté par Boulanger, plan qui consistait à conserver M. Grévy à la présidence pour *oublier* ensuite de le défendre à l'Élysée contre les « *manifestations spontanées.* » Ces paroles de M. Deroulède, les voici : « Mes amis, *le mot d'ordre est* : « Vive Grévy ! vive Boulanger ! » (Cotes 864 et 865.)

La déposition de M. Montpellier continue comme suit : « J'ai alors repoussé la foule au delà du pont de la Concorde et j'ai établi des barrages dans tous les sens.

« Les bandes qui se livraient à des manifestations et recevaient le mot d'ordre de M. Deroulède étaient composées de camelots et autres personnages bien connus de la police, que l'on retrouve partout où il y a du désordre. J'estime que ces gens-là étaient payés. » (Cote 529. *Dép.*, p. 182.)

— M. le commissaire Busigny s'exprime ainsi :

« Le soir, vers huit heures ou huit heures et demie, sur la place de l'Hôtel-de-Ville, eut lieu une manifestation dirigée par M. Deroulède. Un conseiller municipal la harangua d'une fenêtre, après quoi la foule prit la rue de Rivoli, marchant vers la Concorde. Je parvins à lui barrer la route... J'arrêtai M. Deroulède et le fis conduire au commissariat Saint-Merry. Soudey, l'anarchiste, qui était avec lui, le suivit au poste, quoique n'étant pas arrêté. » (Cote 526. *Dép.*, p. 183.)

Ce n'était qu'un prélude. Le lendemain 2 décembre, l'affaire prit d'autres proportions.

— Déposition de M. Montpellier. — « ..... Le 2, ils voulurent recommencer. Des mesures (préventives) furent prises. On établit des barrages. Vers six heures et demie, la foule massée sur la place de la Concorde *devenait menaçante. Elle s'était attaquée aux gardiens de la paix et aux gardes républicains.* Je traversai le pont avec 80 hommes et je fis évacuer le côté gauche jusqu'aux chevaux de Marly. *Là mes gardiens furent assaillis à coups de pierres, sept furent blessés* dont un assez grièvement. J'obliquai à droite et fus encore assaillis à coups de pierres.... Je réunis mes hommes près de l'Obélisque.

Je suis convaincu, d'après ce que j'ai vu, que *tous mes agresseurs obéisssaient à un mot d'ordre.* » (Cote 529. *Dép.*, p. 182.)

— Le 2 décembre, dit M. le secrétaire général Lépine, une foule considérable stationnait place de la Concorde, et l'on craignait que des colonnes ne se portassent sur l'Hôtel-de-Ville. Vers trois heures et demie, rue de Rivoli, à l'angle de la rue du Roule, je rencontrai 1.500 individus conduits par B. et C., ceints de leurs écharpes. M. le commissaire

Montillier faisait de grands efforts pour les arrêter. Voyant la police débordée, je sautai en voiture, rassemblai les gardes à cheval postés près de Saint-Germain-l'Auxerrois, je les joignis aux gardes à pied de la caserne Lobau ; et ces forces, déployées devant la place de l'Hôtel-de-Ville, s'opposèrent à l'irruption de la bande qui était alors composée de 2 ou 3.000 personnes. (C. 524. *Dép.*, p. 123.)

— Ecoutons maintenant M. Florentin, officier de paix :

« Le 2 décembre 1887, j'étais de service à la mairie de la rue d'Anjou avec 120 hommes dont 40 gardes à cheval. Vers cinq heures, on vint m'avertir qu'il y avait collision sur la place de la Concorde et que la garde était enveloppée. Je pris 40 gardiens de la paix et les conduisis de ce côté au pas de course en évitant les grandes voies. Je débouchai par la rue Boissy-d'Anglas. A l'angle du Garde-Meuble, j'abordai par surprise une première bande et la dispersai. Puis, je m'élevai vers le point où la garde était entourée. Là trois bandes m'attaquèrent et me cernèrent. *Ces gens nous couvraient d'une grêle de pierres* tout en cherchant à nous aveugler avec du sable. *Un de mes hommes reçut une pierre à la tête, je dus le faire transporter dans une pharmacie.* J'avais beaucoup de peine à empêcher mes gardiens de faire usage de leurs armes. Enfin, je me dégageai, grâce à une charge de la garde républicaine.

« J'obliquai vers la rue Royale. *A l'angle du Ministère de la Marine, un coup de pistolet fut tiré sur un garde à cheval* qui nous suivait ; la balle se logea dans le mur.

Peu après, *un autre garde fut renversé* de son cheval qui avait fait un écart. *Aussitôt la foule se précipita sur lui et le frappa à l'aide de bûches* enlevées chez un charbonnier. Son casque fut défoncé, et si nous n'étions pas parvenus à le dégager rapidement, nous ne savons ce qui serait advenu.

« Nous continuâmes jusqu'au café Durand. La rue était barrée par une foule énorme.... Des pierres étaient toujours lancées sur nous ; *un de mes agents fut blessé au-dessous de l'œil.* Deux bouteilles vides vinrent se briser à mes pieds. Nous dûmes charger encore....

« La foule était composée de ces gens bien connus qu'on retrouve partout aux heures de trouble. » (Déposition Florentin, Cote 528. *Dép.*, p. 189.)

Il ne s'agit pas ici de manifestations, mais bien de commencement d'émeute; les témoignages sont formels à cet égard.

Et qu'ajoutent les témoins? Que *les perturbateurs obéissaient sans contredit à un mot d'ordre.*

Qui leur avait transmis ce mot d'ordre? Nous savons que la veille, au début du tumulte, M. Deroulède avait déterminé l'action en criant : « Le mot d'ordre est : Vive Boulanger!... »

Et que faisait M. Deroulède en lançant ce mot d'ordre? Il exécutait le plan arrêté par Boulanger lui-même qui était resté à Paris, malgré les ordres du Ministre, pour ourdir sa trame dans un conciliabule politique dont quatre témoins nous ont révélé les particularités.

Et qui avait convoqué devant M. Deroulède les blanquistes et les émeutiers de profession, que la police a reconnus? Rochefort, l'homme de Boulanger.

Telles sont les trois tentatives d'attentat qui forment, on peut le dire, le point culminant de la prévention.

Mais il en est d'autres qu'il est du devoir de la partie poursuivante d'énumérer à leur tour, en raison de la gravité des projets, du commencement évident d'exécution matérielle, et à raison aussi de l'influence directe et personnelle de Boulanger, toujours présent en face du mouvement préparé. Il est vrai que dans ces circonstances les actes n'ont pas eu la gravité de ceux des 8 et 14 juillet, 1 et 2 décembre 1887; mais les moyens employés étaient les mêmes, le but identique, et le commencement d'exécution n'a été empêché là encore que par des circonstances indépendantes de la volonté du conspirateur. Les faits ci-après énumérés devront donc être également retenus avec la même qualification de tentative d'attentat.

Le 14 juillet 1888, les boulangistes devaient essayer d'un coup de main comme au 14 juillet de l'année précédente, et s'efforcer de mieux faire. Boulanger était à Paris, menant grand tapage au Parlement et rue Dumont-d'Urville, ne cachant guère ses desseins, et poussant ses adeptes à la menace. Bien qu'il n'appartînt plus à l'armée, il avait exprimé le projet de se rendre à la revue à cheval et en grand uniforme. Suivant le plan arrêté, on commencerait par ce que Rochefort désigne toujours sous le titre « d'imposante manifestation » ; les camelots étaient depuis longtemps embrigadés ; la Ligue, devenue exclusivement troupe boulangiste, devait donner énergiquement. Les officiers de l'armée territoriale, très travaillés au Cercle militaire (Cotes 746 *bis*. et 1143. *Ann.*, p. 249 et 203. Déposition de M. le Préfet de police, Cote 523. *Dép.*, p. 237), devaient seconder l'élan avec le prestige de leur uniforme ; et comme les régiments étaient l'objet d'effrayantes tentatives d'embauchage (Pièces saisies le 6 juin chez la dame Becker et chez Breuillé, 5 scellés), on pouvait espérer d'arriver à un coup de surprise en fomentant une sédition ou à tout le moins en obtenant des défaillances.

D'énormes placards rouges, convoquant « le peuple » en termes séditieux et portant aux quatre coins le portrait de Boulanger (Cote 781 *bis*), avaient été imprimés en vue de cette entreprise ; l'anarchiste Morphy s'était chargé de l'affichage, et un nommé Marx, directeur d'agence, qui avait eu de nombreuses entrevues avec Dillon, s'était employé à faire porter l'affiche rouge par toute la ville sous forme d'écriteau. (Déposition Garigue, Cote 204. *Dép.*, p. 296.) Les agents de la police arrachèrent de ces affiches collées contre les murs ; les commissaires de police Beynaguet, Dresch et Véron signalèrent et firent arrêter des camelots qui avaient déjà commencé leur promenade avec la pancarte. (Déposition

Beynaguet, Cotes 195 et 196, Déposition Dresch. Cote 197. Déposition Véron, Cote 198. *Dép.*, p. 240, 243 et 244.) Le commissaire de police Mouquin, en permanence au Palais de l'Industrie, fit conduire au Dépôt une petite bande de gens qui criaient : « Vive Boulanger ! » troublaient l'ordre et étaient du reste à moitié ivres. La tentative d'action fut paralysée complètement sur la place de la Concorde, grâce à l'énergie de la police, et endiguée au Bois de Boulogne où cependant le bruit et l'agitation furent très marqués. Mais ce qui arrêta radicalement le mouvement, ce fut un incident qui en rendait la continuation imposible : le Général Boulanger, blessé la veille en duel, était hors d'état de sortir. Cette circonstance, indépendante de sa volonté, n'avait pas permis de passer outre au commencement d'exécution. (Déposition de M. Clément, Cote 178. *Dép.*, p. 132.)

Au mois de novembre suivant (1888), M. Deroulède dut présenter la Ligue dite des Patriotes à celui qu'il appelait son vrai chef. Il fut entendu qu'il y aurait un dîner et que l'exhibition politique se ferait ensuite. Ce projet était des plus menaçants, car le défilé devait se composer de plus de 10.000 hommes enrégimentés, qu'on allait remettre en plein Paris et comme force militaire, au personnage qui depuis dix-huit mois n'avait d'autre but que d'arriver par le désordre. Aussi prit-on de grandes précautions pour prévenir les conséquences de ce mouvement redoutable.

Le Grand Hôtel et le Continental refusèrent leurs salons, mais le comité obtint la maison Lemardelay, rue de Richelieu. Aussitôt, Rochefort, fidèle à sa spécialité, essaya d'ameuter ses bandes et leur donna rendez-vous.

Intransigeant du 26 novembre (paru le 25 au matin). Les cris de « Vive Boulanger ! A bas Floquet ! Vive la Revision ! » auront le caractère séditieux qu'il convient afin d'utiliser les forces policières mises sur pied pour voir entrer les membres de la Ligue des Patriotes et le Général Boulanger chez Lemardeley, rue Richelieu.

« *Le nombre des séditieux sera nécessairement très con-*

sidérable, le Général ayant l'habitude d'être acclamé partout où il va. » (Cote 888.)

On déploya d'assez grandes forces de police sur les lieux mêmes, et des troupes furent consignées dans les casernes.

Dès cinq heures du soir (le 25 novembre), une première bande apparut sur le boulevard Magenta, *précédée d'un clairon*.

A six heures, 400 personnes stationnaient devant l'établissement Lemardelay. Boulanger arriva à ce moment. Des camelots aussitôt se mirent à offrir au public des almanachs boulangistes illustrés.

La foule grossit, les cris habituels éclatèrent : « Vive Boulanger ! A bas les voleurs ! » Des masses arrivaient du coté de l'Opéra-Comique, on dut pratiquer des barrages.

Cependant, à l'intérieur du restaurant, les importants avaient dîné au premier étage, et un groupe de simples ligueurs au rez-de-chaussée. Après le repas, on préluda au défilé par les présentations des gens qui avaient pu entrer, au nombre de 200 environ. M. Deroulède dit : « Au nom de tous les membres de la Ligue, nous venons vous remercier chaleureusement de votre présence ici, *vous que nous considérons comme notre chef.* »

— Un sieur Peyrot, du quatorzième arrondissement, assura le général que les ligueurs lui étaient absolument *dévoués*.

— Un sieur Georges Reynaud protesta, au nom de tous les nouveaux ligueurs, du dévouement de ceux-ci, ajoutant qu'*un seul mot suffirait pour les mettre debout*.

Il était difficile de déclarer plus clairement qu'on était tout prêt pour un coup de main.

Fort heureusement les mesures étaient prises. Vers huit heures, des désordres s'étant produits rue de Richelieu par suite de l'arrivée des bandes convoquées, la police consolida les barrages, refoula les ligueurs qui arrivaient de plusieurs côtés à la fois, empêcha les colonnes de se former, interdit le défilé des 10.000, et l'explosion ne put se produire. (Déposition de M. le Préfet de police, Cote 513. *Dép.*, p. 237. Dossier annexe II. Cotes A, B, C, D, E, F, G. *Ann.*. p. 250 à 253.)

— Le parti boulangiste avait beaucoup compté sur l'élection du 27 janvier 1889 pour s'emparer du pouvoir sans autre retard, car l'élection n'était pas un but, mais un moyen.

On ne se gênait pas pour dire, dans l'entourage de Boulanger, que s'il était élu il coucherait à l'Elysée. (Déposition de M. le Préfet de police, Cote 523. *Dép.*, p. 237.)

Sans doute, quelques-uns de ses familiers songeaient à remettre le coup au lendemain en saisissant pour prétexte l'entrée de l'élu de Paris au Palais-Bourbon, et le sieur Laisant, en particulier, exposait son programme sans aucun déguisement :

« La victoire électorale est certaine, dit-il devant quelques personnes. Du jour où Boulanger, élu à Paris, se rendra à la Chambre, *nous aurons 100.000 hommes à la porte* pour demander la dissolution. De deux choses l'une : ou Carnot se soumettra, ou il résistera. Or, *il sait bien que ce jour-là il jouera sa tête*. Il ne le fera pas..... Comment résisterait-il ? L'armée ? il n'osera pas la faire sortir. La police ne suffirait pas ; *la garde républicaine est en grande majorité boulangiste et ne marcherait pas*. Carnot se soumettra, et *malheur à lui s'il résistait*. » On objecta : « Et si les Allemands profitaient des désordres pour intervenir ? » Le même sieur Laisant répondit : « Le Général a envisagé cette éventualité. Il sait qu'en ce cas il sera porté au pouvoir par le peuple entier. *Il en assumera la responsabilité*..... » (Cote 849. *Ann.*, p. 254.)

Ainsi la guerre civile d'abord, probablement la guerre étrangère le lendemain : tout cela était admis par Boulanger pourvu qu'il prît possession de l'Elysée.

La police, encore cette fois, dut prendre des mesures exceptionnelles. (Déposition de M. le Préfet de police, Cote

523. *Dép.*, p. 237.) Les ligueurs étaient très menaçants, faisaient preuve d'une organisation secrète et d'une discipline fort inquiétantes. (Déposition Clément, Cote 178. *Dép.*, p. 132.) Le mouvement s'accusa quand on connut les résultats du scrutin. Boulanger était chez Durand. On déploya de solides escouades, et M. Clément eut l'ordre formel d'arrêter Boulanger si celui-ci se plaçait à la tête des soi-disant manifestants. Le général l'apprit, se le tint pour dit, et disparut.

A la séance parlementaire qui suivit, il y eut de grands rassemblements sur la place de la Concorde. On reconnaissait parmi les meneurs Pietri, des chefs de ligueurs, des camelots bien connus. En dépit d'un sérieux déploiement de forces, les gens ameutés s'élancèrent sur les agents en vociférant : « Mort à la police! » Les gardiens de la paix furent réduits à dégaîner. Trois étudiants qui répondirent par les cris de « Vive la France! » faillirent être assommés par les boulangistes, qui les poursuivirent jusqu'au delà de la Seine. Boulanger attendait les événements à quelques pas de là, chez Durand. (Déposition Allibert, Cote 272. *Dép.*, p. 327.)

L'énergie et la supériorité matérielle des défenseurs de la loi firent encore avorter cette tentative.

Tels sont les faits principaux relevés dans les enquêtes.

L'attentat et le complot semblent nettement démontrés.

L'attentat n'a pas été consommé, mais la tentative est d'évidence et nettement caractérisée.

Boulanger a avoué, ses propos en font foi; il suffit de rappeler qu'il se vantait de balayer le Gouvernement (Episode de la canne offerte par le sieur Laguerre), et qu'il se flattait d'ouvrir l'Exposition universelle. Et pour bien montrer à quel titre il comptait agir, on se borne à rappeler qu'il faisait vendre son portrait de *Protecteur*, et qu'il annonçait ou faisait annoncer à un Allemand qu'il briguait le Consulat à vie.

Dans son entourage, sa culpabilité a été reconnue par les propos tenus même dans des réunions publiques. Ses principaux affidés l'ont félicité d'avoir provoqué les fonctionnaires à la trahison pour former son armée de conspirateurs.

La *Cocarde* avait la franchise ou la hardiesse d'imprimer le 1er février 1889 : « *Ils y viendront tous*... On peut dire dès à présent que la majorité des fonctionnaires opportunistes est effectivement de cœur et d'intention avec le Général Boulanger. » (Cote 903.)

En 1888, un des auteurs du complot, Henri Rochefort, tenait le même langage ou à peu près : «Nous savons tout. Presque toute votre police est devenue boulangiste, si bien *qu'elle nous tient amicalement au courant* de tout ce qui se trame en haut et en bas lieu contre le candidat du Nord. » (*Intransigeant* du 13 avril, Cote 895.)

Il est de notoriété publique que Boulanger s'est formé un état-major de coup d'État avec une poignée de déclassés, d'affamés et d'ambitieux pressés qui ne visaient qu'à une curée. Hommes de plaisirs ayant hâte de rétablir leurs affaires et de goûter les joies du pouvoir, ces sceptiques envisageaient la révolution à accomplir comme une œuvre personnelle et sans aucun souci de la France. Dillon, un des auteurs, la traitait comme une partie de cartes: « Va, écrivait-il à Boulanger, *tu as la veine*. » (Cotes 621-22.) Belleville, ami et confident, envisageait, lui, la chose comme une comédie : « *Le prologue est joué; à quand le premier acte?* » (Cote 599. *Ann.*, p. 210.)

Quant à Boulanger lui-même, il pensait bien moins à gouverner qu'à jouir : « Si l'année 1889, disait-il le 1er janvier, est aussi prospère pour nous que 1888, tout sera terminé en 1890, et *nous n'aurons qu'à nous laisser vivre.* » (Cote 851. *Ann.*, p. 214.)

Il a toujours montré la même audace, sans prendre la peine de dissimuler ses visées de souverain absolu. Le 23 février 1889, sous on ne sait quel prétexte, il a adressé à un

M. World, de New-York, un télégramme au *peuple des Etats-Unis.* » (Cote 829. *Ann.*, p. 255.) Lorsqu'il a pris la fuite au commencement du mois d'avril pour échapper à la justice de son pays, il a lancé de la frontière une proclamation « aux Français. » (Cote 1136-37.) Depuis lors, réfugié en Angleterre, il a provoqué une conversation avec un journaliste anglais pour déclarer qu' « *il ne médite pas une guerre avec l'Allemagne* pour le jour où il sera appelé à diriger les destinées de la France », en ajoutant: « *Je fais tout actuellement*, je ferai tout dans l'avenir *pour resserrer les liens d'amitié entre la France et la Russie.* » (Cote 902.)

En même temps il entretenait l'agitation dans sa patrie. Le 5 mai, aux fêtes du Centenaire à Versailles, d'anciens ligueurs étaient arrêtés au moment où ils s'efforçaient de troubler la fête par leurs clameurs et leurs insultes habituelles. (Cotes 337-38.) Il en était de même le 8, à l'issue de la fête de l'Hôtel-de-Ville. (Cote 816-17. *Ann.*, p. 265, 259.) Deux semaines plus tard, ces infatigables camelots tapissaient pendant la nuit les murs d'affiches rouges portant ces mots : « A bas les voleurs! — Vive Boulanger! » (Cote 938.)

Il n'a renoncé à aucune de ses intrigues criminelles; ses rapports secrets avec certains membres de l'armée se poursuivent encore. La preuve s'en trouve notamment dans une lettre saisie, qui a été écrite le 6 juin 1889 à son secrétaire Breuillé par un lieutenant colonel, le sieur Cl... « Paris-Passy. — Vous seriez bien aimable de me jeter un mot à la poste ou au télégraphe pour me faire savoir si vous avez reçu et envoyé au Général une petite lettre que je vous ai adressée mardi *sous double enveloppe*. Je n'ai pas encore de réponse et je suis inquiet. Soyez aussi assez bon pour me dire si les dépêches adressées au Général à Londres lui arrivent. » (Cote 1122. *Ann.*, p. 255.)

Dillon, toute l'instruction l'a révélé, est l'âme vivante du complot. Il ne se sépare à aucun instant de Boulanger; la procédure qu'on vient de passer en revue établit sa part dans le complot et dans les tentatives d'attentat par ses télégrammes chiffrés du mois d'août 1887 ; par la série de ses télégrammes de février et mars 1888; par le perfectionnement des *codes* qui permettaient aux uns et aux autres une correspondance secrète et à peu près indéchiffrable. C'est lui qui était le caissier des conjurés; c'est lui qui a versé 100.000 francs à Rochefort. (Déposition Allibert, Cote 272. *Dép.*, p. 327.) Quand Boulanger va quitter l'armée, c'est lui qui préside le comité secret de Paris, qui élabore les projets de manifeste, qui fait les démarches dans les bureaux de journaux pour donner le mode d'ordre de la coalition ! C'est lui qui reçoit et qui embrigade les camelots (Cotes 840-41-43. *Ann.*, p. 169-171) ; qui donne de l'argent à la Ligue, qui trouve des bailleurs de fonds à l'étranger pour l'exécution du complot; qui s'entend avec l'agent Marx pour la distribution des affiches rouges appelant à l'émeute le 14 juillet 1888. (Cote 204. *Dép.*, p. 296.) C'est lui qui, on va le voir, ordonne, au moment de prendre la fuite, à Reichert le comptable de mettre ses livres en lieu sûr. (Interrogatoire Reichert, Cote 446. *Dép.*, p. 94, 101, 107.) Il se rend si bien compte de sa culpabilité qu'il n'ose pas même tenter une défense et fuit avec son chef.

Quant à Rochefort, il semble inutile de résumer les charges qui pèsent sur lui; elles encombrent en quelque sorte chaque page du dossier, et de plus on peut dire qu'il a écrit l'histoire de sa culpabilité dans chaque numéro d'un journal que la conscience publique se chargera de qualifier.

Il n'y a qu'eux trois à retenir. Les autres familiers de Clermont-Ferrand et de la rue Dumont-d'Urville ont été étrangers à l'organisation du complot: ils sont venus ensuite, brûlant d'y prendre part et de jouer un rôle, menant grand bruit pour faire croire à leur importance, mais jamais la conception n'est venue d'eux, ils n'ont été que des lieutenants d'après coup; leur responsabilité morale est certes engagée au plus haut point, puisqu'ils se sont joués du repos de la France pour se joindre à un conspirateur; mais au point de vue juridique, leur complicité n'est pas suffisamment établie.

Deux autres hommes ont été momentanément impliqués dans la poursuite : Soudey, l'anarchiste, et le sous-intendant militaire Reichert.

1° *Soudey*. — Une dénonciation anonyme avait signalé Soudey comme vivant à une adresse indiquée sous le faux nom de Dubois; suivant cette pièce, Soudey avait à Paris deux parentes dépositaires de pièces importantes relatives à Boulanger et à Dillon. On procéda aussitôt à une enquête. Il en résulta que toutes les indications matérielles étaient exactes; alors des perquisitions furent ordonnées et un mandat d'amener fut décerné contre le faux Dubois. Mais les perquisitions ne donnèrent que des résultats négatifs et aucune charge sérieuse ne fut relevée contre Soudey. En conséquence, cet individu fut mis en liberté le lendemain, sans même avoir été écroué.

2° *Reichert*. — Le 7 juin, le sieur Reichert fut entendu comme témoin pour fournir des explications sur des faits de détournement qui seront exposés plus loin. Ses réponses furent étranges; on lui demanda alors la production de ses écritures (car il avait été attaché comme comptable au cabinet de Boulanger pendant le ministère de celui-ci). Il répondit qu'il n'avait plus ses livres. Pressé de questions, le sieur Reichert marqua un trouble extrême, puis déclara qu'à l'annonce des poursuites dirigées contre Boulanger, il avait remis ses papiers à Dillon. Ensuite il modifia son système en alléguant qu'il était allé sans doute chez Dillon au premier bruit du procès intenté à l'ancien Ministre, et avait voulu remettre sa comptabilité qui l'embarrassait beaucoup, mais en ajoutant que Dillon lui avait dit qu'on lui rendrait réponse, et qu'en attendant il eût à mettre ses papiers en lieu sûr. Sur nouvelles interrogations, il ajouta qu'ils étaient cachés, et lorsque M. le Président de la Commission lui demanda le nom de la personne qui en était dépositaire, il refusa de le faire connaître.

Ses réponses contradictoires, son trouble croissant, l'obstacle qu'il apportait systématiquement à la manifestation de la vérité le rendaient plus que suspect. Son entrevue secrète avec Dillon au moment où celui-ci allait fuir et l'importance probable d'écritures qu'il mettait tant de soin à soustraire aux regards ne permettaient pas d'hésiter : il y avait indices graves de complicité contre lui. M. le Président l'adjura en vain, il persista dans ses dires évidemment mensongers; c'est alors que des réquisitions furent prises contre lui, tendant à ce qu'il fût impliqué dans la poursuite comme complice, et à ce qu'un mandat de dépôt fût décerné contre lui, car il était indispensable de l'empêcher, dans ces circonstances, de communiquer avec l'extérieur.

M. le Président donna immédiatement une commission rogatoire à fin de perquisitions partout où besoin serait. C'est plus tard que Reichert se décida à avouer, à deux reprises successives, que ses papiers étaient cachés partie chez un capitaine d'infanterie attaché au Ministère de la Guerre et partie chez un fonctionnaire civil.

Les pièces furent trouvées aux endroits indiqués; on les saisit et elles furent apportées à M. le Président de la Commission d'instruction.

Reichert avait été arrêté; les pièces furent inventoriées devant lui, il fournit enfin des explications, assez peu satisfaisantes, il est vrai, mais desquelles il résultait du moins l'explication du soin qu'il avait mis à dissimuler ses registres. On y trouvait en effet la preuve que Boulanger avait dilapidé les fonds de l'armée et en avait détourné une partie à son profit personnel. Reichert fut mis en liberté après avoir passé une nuit seulement à la prison du Cherche-Midi.

Le Procureur Général estime, dans ces conditions, qu'il n'y a lieu à suivre contre Soudey ni contre Reichert.

QUATRIÈME PARTIE

Faits contre la probité.

La Commission d'instruction, en poursuivant ses recherches sur les faits d'attentat et de complot, a rencontré sur sa route des faits d'un ordre différent commis également par Boulanger. Il s'agissait d'actes contraires à la probité, susceptibles d'être qualifiés crimes.

Le Président de la Commission se préoccupa du soin de rechercher si ces faits étaient prouvés, s'ils se rattachaient à la double inculpation d'attentat et de complot, et dans tous les cas, usant de son droit de juridiction souveraine, la Commission de la Haute Cour avait à faire la lumière sur tout ce qui touchait à l'homme qui lui avait été régulièrement déféré. C'est sur ces bases que l'enquête a été édifiée.

Les faits d'indélicatesse qui ont été relevés dans la procédure se divisent en deux groupes : ceux qui auraient été commis par Boulanger, Général commandant la division d'occupation de Tunisie, et ceux qui auraient été commis par Boulanger, Général, Ministre de la Guerre. On va les examiner séparément.

Faits de Tunisie.

On a vu plus haut que Boulanger, lorsqu'il commandait en Tunisie, entretenait des relations intimes avec des gens véreux, dont il n'ignorait ni le passé ni les mœurs. Parmi ceux-ci se trouvait le sieur Buret.

Buret a livré, sur ses relations d'affaires avec Boulanger,

de graves révélations; les papiers saisis en sa possession ont apporté des renseignements encore plus probants. Voici ce que Buret, entendu comme témoin, a déclaré à cet égard :

I. — Affaire des cafés.

Un sieur Maréchal avait fabriqué des tablettes de café concentré, à l'usage de la troupe. Il importait pour lui de faire expérimenter ses produits par un corps d'armée et de les faire accepter par l'administration militaire; suivant lui, si un général en chef prescrivait l'usage de ce café et en faisait constater les avantages, l'adoption générale devait s'ensuivre, d'où un privilège extrêmement lucratif... Boulanger commandant un corps indépendant à l'étranger, sa protection semblait plus précieuse que tout autre. Maréchal connaissait l'intimité de Buret et de Boulanger : il s'adressa à Buret.

« Je priai le Général, dit celui-ci, de faire avec la division de Tunisie l'expérience du café en tablettes. Maréchal m'avait promis une commission de 210.000 francs; j'offris à Boulanger de la partager, ce qu'il accepta. Il m'invita seulement à réclamer un engagement écrit de Maréchal, pour plus de sûreté; et j'obtins cet engagement.

« L'essai fut fait avec 10.000 rations, mais les fonctionnaires chargés d'examiner le produit se prononcèrent contre son adoption. M. Boulanger m'écrivit alors qu'il n'y avait rien à faire, mais en m'offrant de me soumettre le rapport défavorable de la Commission pour prouver qu'il avait fait tout le possible..... » (Déposition Buret, Cote 422. *Dép.*, p. 9.)

Cette déposition est topique. Il faut reconnaître, à la vérité, que le témoin n'offre pas par lui-même des garanties suffisantes, et que si sa déclaration était isolée on ne pourrait retenir qu'un soupçon. Non que Boulanger soit fondé à attaquer Buret comme suspect ou à parler de lui avec une hauteur dédaigneuse ; il l'a trouvé bon pour être son ami intime durant plusieurs années. A la direction de l'infanterie, à Tunis, au Ministère de la Guerre, il l'a traité comme son égal moral et a toujours semblé se faire honneur de cette promiscuité. C'est ainsi qu'étant Ministre, il allait dîner avec lui dans l'intimité pour suivre l'affaire des cafés et autres aussi peu honorables, et son état de familiarité avec Buret était tel, que le baron de Reinach, assis en tiers à la même table, remarquait non sans une extrême surprise que le Ministre et le repris de justice se tutoyaient. (Cote 428. *Dép.*, p. 220.)

Il convient d'ajouter que Boulanger n'est en situation de donner un démenti à personne, pas même à Buret.

Le dossier nous apprend en effet quelle foi on doit ajouter à sa parole. Rappelons, au hasard, quelques faits :

A la date du 14 juillet 1887, il altérait la vérité en datant sa correspondance de Clermont alors qu'il était caché à Paris.

Trois jours après, il altérait la vérité en déclarant n'avoir point autorisé la publication d'une lettre politique alors que cette lettre n'avait été écrite par lui qu'en vue de la publicité ; au mois d'octobre, il altérait encore la vérité en niant dans une dépêche officielle son *interview* avec le *Matin* et un autre journal, *interview* qu'il était obligé d'avouer quelques heures après.

Il altérait la vérité au mois de février suivant en écrivant au Ministre qu'il ne voulait s'occuper que de ses fonctions militaires, alors qu'il conduisait par dépêches chiffrées sa campagne électorale et invitait ses confidents « à travailler ferme la presse ».

Il a altéré la vérité en dissimulant ses voyages clandestins de Clermont à Paris et en mettant en avant la santé de sa femme qui n'était pas malade.

La notoriété publique fait savoir enfin qu'il a altéré la vérité en niant en plein Parlement l'existence des lettres qu'il avait écrites au duc d'Aumale.

On pourrait multiplier les citations.

Il en résulte donc que Boulanger, habitué à altérer la vérité en toute circonstance, n'est pas plus digne de foi que Buret, et qu'en conséquence ses dénégations et ses accusations n'ont aucune valeur.

Qu'il ait élevé Buret, son ami intime, jusqu'à lui, ou qu'il soit descendu de son plein gré jusqu'à Buret, dans les deux cas, il ne peut faire soutenir par personne que la parole de l'un est supérieure à la parole de l'autre.

Ajoutons que dans les affaires de cette nature on n'a jamais de confidents et d'auxiliaires très honorables, et que la justice est forcée de prendre ses témoins où il a plu à l'inculpé d'aller chercher ses complices.

Mais la justice, qui a le droit, elle, d'être plus difficile, ne veut accueillir la déposition de Buret que comme point de départ, en se réservant de la contrôler sévèrement. C'est ce dont va se préoccuper le Procureur Général en examinant les déclarations et les pièces qui peuvent servir utilement de points de comparaison.

Voici d'abord la déposition du baron de Reinach, banquier :

— J'ai été mis au courant de l'affaire des cafés Maréchal, et j'ai accepté de faire les avances avec promesse de partager les bénéfices. Après plusieurs années de vaines tentatives, j'ai dû passer aux profits et pertes une somme de 40.000 francs environ (dont la moitié m'a été remboursée depuis). *Les expériences ont été faites en Tunisie où commandait le Général Boulanger ; j'ai dîné avec celui-ci chez un sieur Buret*, son ami, que je ne connaissais pas jusque-là. *Ces deux messieurs se sont tutoyés pendant tout le dîner.* (Déposition du baron de Reinach, Cote 428. *Dép.* p. 220.)

Ainsi, voilà trois points acquis en dehors de la déposition de Buret : les relations intimes de Buret et de Boulanger; l'expérience des cafés Maréchal faite par le commandant militaire de Tunisie, et des avances de fonds opérées par M. de Reinach.

Poursuivons. Une lettre de Maréchal, en date du 28 juillet 1885, va démontrer que vraiment Buret s'était contenté d'un traité verbal pour la commission de 210.000 fr., et que c'est au moment des expériences qu'il a réclamé un engagement écrit :

Lettre de Maréchal : « Monsieur Buret, j'ai reçu votre télégramme consolateur..... Je suis heureux de partager votre confiance dans le succès final..... Je tiens à vous apporter jeudi soir des rations perfectionnées avec les types de cafés qui seront employés pour la boisson des soldats.

« En attendant que je redevienne libre de mes mouvements, *et pour répondre au désir de G. que vous me manifestez dans votre télégramme,* je viens vous répéter ce que je vous ai dit de vive voix, savoir : que je m'engage et m'oblige à vous verser la somme de 210.000 francs aussitôt que mes rations réglementaires de café et de sucre seront adoptées pour les armées françaises et que j'aurai réussi à passer un marché avec l'État..... — *Signé* : Maréchal. » (Cote 339. *Ann.*, p. 22.)

Voici d'autres points acquis en dehors de la déposition de Buret : Buret devait recevoir une commission, il devait la partager avec un tiers ; ce tiers exigeait un engagement écrit, et ce tiers était « G. ».

Ce n'est pas, il faut le dire en passant, la lettre initiale de « Boulanger ». Buret affirme qu'en ces circonstances on désignait communément Boulanger par la première lettre de son titre « Général ». Mais ne nous en rapportons pas à Buret, et continuons.

Comme le nom (commençant par un G.) d'un homme politique a figuré dans cette correspondance, on a dû hésiter ; le Président de la Commission a entendu cette personne comme témoin. Or, M. G. a affirmé qu'il ne s'agissait pas de lui et qu'il ne pouvait être question de lui à cette époque. (Déposition de M. G., Cote 436. *Dép.*, p. 233.)

N'est-ce pas assez? Nous nous hâtons d'aller plus loin et prouver directement que c'est bien Boulanger ou plutôt

Georges Boulanger qui était désigné par la lettre G. En effet, l'expédition des rations et leur emploi immédiat par la troupe impliquait l'action nécessaire d'un général, ceci est d'évidence; et ce général, M. de Reinach vient de le nommer : le général qui commande en Tunisie. Mais il y a mieux : ce général va se nommer lui-même, et le point décisif est là : c'est le 28 juillet que Maréchal obéit aux exigences du tiers qui doit partager les 210,000 francs; or, quelques jours avant (le 15 juillet), le Général Boulanger a adressé de Tunis à Buret le télégramme suivant :

« Reçu lettre du 11. Merci. *Comptez sur moi pour café* ». (Télégramme du Général Boulanger, Cote 356. *Ann.*, p. 47.)

Et que Boulanger ne vienne pas prétendre ou faire soutenir que les pièces émanées de lui ont été fabriquées pour le perdre en 1889, puisqu'elles portent le timbre de Tunis et le millésime de 1885.

C'est donc bien Boulanger qui était désigné par la lettre G.; c'est bien ce général qui a fait avec Buret et de compte à demi l'affaire des cafés.

Relevons encore d'autres indications utiles :

Toutes les opérations de ce genre font pulluler, on le sait, les courtiers et les intermédiaires. C'est ainsi qu'on voit bientôt apparaître un sieur Aragon, lequel va beaucoup écrire à Buret au nom de M. de Reinach (le bailleur de fonds) et de Pelletier (le fabricant). Dans une lettre en date du 13 août (1885), il gourmande Buret de ses lenteurs; fait remarquer que MM. de Reinach et Pelletier, qui ont déjà consenti de grosses sorties de fonds, ne consentiront à « aller de l'avant » que si l'on éclaire, au préalable, M. Pelletier... « sur l'emploi discrètement indiqué par Buret des deux fois 3.000 francs (dont un tiers de chaque) à lui légitimement dévolus. » (Lettre d'Aragon, Cote 340. *Ann.*, p. 24.)

Buret a donc reçu 6.000 francs à titre de pot-de-vin ou à valoir. Il allègue que sur ce point ses souvenirs sont trop vagues, la crainte d'être inculpé comme complice explique sans peine son défaut de mémoire; mais la lettre précédente, adressée à lui-même, est une preuve indéniable du fait. Il a donc eu 2.000 francs pour lui, puisque la lettre d'Aragon parle d'un tiers à lui légitimement dévolu; le sieur Aragon n'a certes pas dû s'oublier pour un des autres tiers; mais les 2.000 francs de surplus, c'est-à-dire le troisième tiers, qui donc les a touchés? Buret n'a qu'un associé dans l'affaire : Boulanger; un seul homme peut faire procéder aux expériences : Boulanger. Impossible de voir à cette époque un autre que lui qui soit intéressé dans l'affaire. Ils ne se séparent jamais l'un de l'autre dans les négociations. Le raisonnement conduit donc nécessairement à attribuer à Boulanger son tiers de 2.000 francs dans le pot-de-vin qui a été versé.

Un télégramme d'Aragon à Buret va l'indiquer mieux encore : « Le baron Jacques (de Reinach) porta et remit sa carte à l'hôtel du Louvre la semaine dernière pour M. le Général..... *Si M. le Général Boulanger et vous,* cher Monsieur, *êtes toujours dans les mêmes dispositions courtoises,* le baron vient de me dire qu'il se tiendra à *la disposition de M. le Général.....* » (Cote 343. *Ann.*, p. 25.)

Cette dépêche accablante ne peut s'expliquer que d'une façon : le bailleur de fonds continuait à acheter la « *courtoisie* » du Général.

La commission administrative du corps d'armée déclara inacceptables les cafés Maréchal. Qui en donna avis? Boulanger. Et à qui en donna-t-il avis? A Buret. Voici, sur ce point, la dépêche autographe de l'inculpé :

« Mon cher Buret, j'ai reçu les rapports que j'attendais. Ils sont en tous points défavorables, et *il n'y a rien à faire,* mais je tiens à vous les faire lire, *afin que vous puissiez constater par vous-même avec quel soin les expériences ont été conduites.....* — G. B. » (Cote 357. *Ann.*, p. 48.)

Nous avons donc Boulanger lui-même, général de division, qui s'excuse, qui tient à se justifier *devant Buret,* parce que l'affaire des cafés est manquée.

Le doute, s'il existait encore, serait dissipé par la lecture d'une autre pièce. C'est une note non signée, mais incontestablement de l'écriture d'Aragon, et qui est ainsi conçue :

« En présence de tout ce délabrement, je me demande forcément aujourd'hui *ce que M. Boulanger a fait en notre faveur* à tous ?

« Les $\frac{6.000}{3.000 \times 2}$ francs *n'auraient donc servi à rien?* » (Cote 342. *Ann.*, p. 30.)

Voilà le fait. On n'est donc point en face de la déposition de Buret ou de pièces d'origine discutable ; la démonstration résulte de la déposition du baron de Reinach, de la lettre de Maréchal, des écrits d'Aragon et des dépêches signées de l'inculpé. La preuve est faite.

Cette affaire des cafés constitue le crime de corruption prévu par l'article 177 du Code pénal, lequel devient l'article 261 de la loi du 9 juin 1857 (Code militaire), quand il s'agit d'un militaire ou administrateur militaire en activité de service. Voici la définition du Code : « Tout fonctionnaire qui aura agréé des offres ou promesses ou reçu des dons ou présents pour faire un acte de sa fonction ou de son emploi .... sera puni de la dégradation.... etc. »

On est certainement ici en face d'un acte de la fonction ou de l'emploi, car l'usage expérimental du café dans la division de Tunisie n'aurait pu être fait par l'influence de Boulanger si celui-ci ne l'avait pas prescrit en sa qualité de commandant de la division. C'est donc à raison même de son commandement qu'il a été l'objet des dons ou promesses.

Et peu importe qu'il y ait eu réalisation ou simplement tentative.

II. — Affaire des épaulettes.

Arrivons maintenant à la seconde partie des révélations de Buret. Les épaulettes avaient été supprimées sous le Ministère de M. le général Lewal. Un sieur Dupuy, qui en avait de très grandes quantités en magasin, se trouva gravement atteint par cette mesure et s'adressa à moi, dit en substance Buret, pour que j'obtinsse par mes relations l'écoulement de son stock. En effet, certains régiments, encore coiffés du schako, devaient porter l'épaulette tant que subsisterait cette coiffure. Je m'adressai au Général Boulanger pour m'assurer son concours, lui offrant de partager ma commission, qui était de 20 centimes par paire. Il devait donc avoir pour sa part 10 centimes. Il accepta, mais voulut que je me procurasse un engagement écrit de Dupuy. Aussitôt après, il se mit à l'œuvre, et en particulier me remit des lettres de recommandation pour des officiers généraux. (Déposition Buret, Cote 422. *Dép.*, p. 9.)

L'année suivante, lorsque Boulanger fut devenu Ministre, l'épaulette fut rétablie dans l'armée.

Buret a-t-il dit la vérité? N'allons-nous pas trouver comme tout à l'heure des preuves extérieures à sa déposition? Étudions à cet égard la procédure. M. le Président de la Commission d'Instruction a entendu Dupuy. Voici l'analyse très exacte de la déposition de cet individu :

Lors de la suppression des épaulettes, je fus très inquiet, car il m'en restait beaucoup en magasin. A ce moment, M. Buret me parla de ses hautes influences et me proposa son aide. J'acceptai. « *Je savais qu'il comptait sur* « *le Général Boulanger.* » Toute l'année 1885 s'écoula sans que j'obtinsse une solution favorable; mais, en 1886, l'épaulette fut rétablie, et en 1887 j'avais écoulé mes approvisionnements.

J'avais en effet promis à Buret une commission de 20 centimes par paire, et *il m'avait dit que* « *cette com-* « *mission devait se partager entre lui et une autre per-* « *sonne* », mais il ne me l'a jamais nommée.

Dupuy s'en tient là; il fait même plus : il indique avec insistance que ce pourrait bien être M. G... (Déposition Dupuy, Cote 430. *Dép.*, p. 225.)

M. G. lui donne un démenti et le lui donne catégorique : il ne l'a connu qu'à la fin de 1887! (Déposition de

M. G., Cote 436. *Dép.*, p. 233.) Or, l'affaire des épaulettes remonte à 1885. Mais il y a mieux : Dupuy ne peut croire que ce soit un autre que Boulanger. Dupuy a su parfaitement que c'était Boulanger : la preuve s'en trouve dans les extraits des lettres et des dépêches qu'il a adressées à Buret en 1885.

— Dépêche du 25 avril, au début de l'affaire. — « Monsieur Buret, lundi je vous donnerai tous les détails de l'affaire dont je vous ai parlée.... Téléphonez-moi aussitôt votre visite *au grand chef*.... — Dupuy. » (Cote 361. *Ann.*, p. 15.)

(On sait qu'à cette époque le Général Boulanger faisait d'assez fréquentes apparitions à Paris.)

— Autre dépêche de Dupuy à Buret. — « J'ai vu mon homme, rien à faire; il ne connaît que très peu *le Général; voyez donc si vous devez attendre le retour de Tunisie* et avisez-moi de votre décision. » (Cote 367. *Ann.*, p. 48.)

Assurément, le « grand chef » dont on attendait « le retour de Tunisie », ce n'était pas M. G., qui n'est pas un grand chef et qui n'habitait pas la Tunisie; et quand on sait que Buret avait dit à Dupuy qui le répète : « C'est sur le Général Boulanger que je compte »; quand on se souvient en outre que Boulanger et Buret étaient unis par les liens les plus étroits, on n'éprouve pas d'incertitude.

Buret, d'ailleurs, n'a-t-il pas été véridique sur tous les autres points? C'est Dupuy lui-même qui va l'attester par sa correspondance :

— Première lettre, 10 août. — « ..... Je crains un échec. Dans tous les cas, vous savez que si vous me faites vendre mes épaulettes au prix de 2 francs, il y a 20 centimes par paire pour vous. » (Cote 364. *Ann.*, p. 23.)

— Deuxième lettre. « ..... Je crois que vous, personnellement, avez confiance en ma parole; mais il se pourrait que votre ami n'ait pas cette même confiance. Je tiens à aller au devant de ses suppositions de doute sur mon compte, c'est-à-dire que je suis prêt à vous écrire une lettre m'engageant formellement....

« Il est très important pour moi de savoir s'il y a sérieux espoir. » (Cote 362. *Ann.*, p. 19.)

Remarquons cette dernière ligne, et bornons-nous à extraire ces mots d'une autre lettre :

« ..... Ce que je désire, au sujet de mes épaulettes, c'est d'être présenté à M. ...., le chef de cabinet du Ministre de la Guerre..... » (Cote 359. *Ann.*, p. 12.)

Ceci démontre péremptoirement qu'il était question non pas d'une personne habitant Paris comme M. G., mais d'un absent. S'il se fût agi de M. G., Dupuis n'aurait pas eu besoin d'exprimer à un tiers le désir d'être recommandé au chef de cabinet du Ministre, il se fût adressé à G. directement. De même, s'il s'était agi de G., Dupuy aurait demandé à G. et non à Buret s'il pouvait avoir un sérieux espoir. L'intermédiaire était donc bien un absent, et un absent dont Buret était l'intermédiaire et l'ami. Et alors, pour connaître le nom de cet absent, il n'y a plus qu'à se rappeler que Dupuy l'appelait le grand chef et se préoccupait de son retour de Tunisie. C'est donc évidemment Boulanger.

Mais celui-ci s'est chargé de renseigner la justice d'une façon éclatante par les pièces signées de sa main. En effet, aussitôt après que Dupuy eut exprimé le désir d'être recommandé au Ministère de la Guerre, Boulanger envoya à Buret les deux recommandations suivantes :

— *Premier télégramme* : « Je prie le général Mercier d'accueillir M. Buret avec sa bienveillance habituelle. Tunis. — Général Boulanger. » (Cote 372. *Ann.*, p. 44.)

— *Deuxième télégramme* : « A Buret. Suis persuadé que le général Gervais vous réservera toute sa bienveillance quand vous lui ferez passer le présent télégramme. Meilleures amitiés. Tunis. —Général Boulanger. » (Cote 373. *Ann.*, p. 23.)

Dira-t-on que ce n'était pas en faveur des épaulettes Dupuy que Boulanger, l'ami de Buret, marquait tant de sollicitude? Il suffit de lire encore quelques lignes pour le savoir :

— *Lettre de Boulanger à Buret.* — Jeudi 16 :

« Je viens de recevoir votre télégramme. *J'écris par ce courrier pour M. Dupuy*, non pas au Ministre lui-même, mais à quelqu'un qui a l'oreille du Ministre. *Vous pouvez compter sur moi en ceci* comme en toute occasion. » Et plus loin : « Brûlez cette lettre. » (Cote 378. *Ann.*, p. 46.)

Cinq jours après (le 21 avril), nouvelle lettre : « *Confidentielle. J'ai écrit pour les épaulettes Dupuy.....* Votre ami dévoué, Général Boulanger. » (Cote 375. *Ann.*, p. 14.

En résumé, ici encore la déposition de Buret est pleinement confirmée, ou plutôt ce n'est pas elle qui fait la preuve ; non, mais la démonstration résulte des lettres de Dupuy et de celles de Boulanger lui-même.

Le fait des épaulettes constitue le même crime de corruption que celui qui a été visé plus haut et qui a été nommé l'affaire des cafés. En effet, Boulanger a accepté ici, étant général en activité de service, une offre ou promesse afin d'abuser de sa fonction ou de son emploi en appuyant une spéculation commerciale à raison de son titre et de son influence militaire. C'est, en tant que général, qu'il a reçu et accepté l'offre, et c'est comme général qu'il a agi. S'il n'avait pas été à la tête d'une division, avec l'influence légitime qui s'attachait à ce haut grade dans l'armée, il n'aurait pas été pris comme intermédiaire, il n'aurait pu donner de recommandation efficace ; c'est bien le général qu'on a sollicité et qui a accepté. Le fait rentre donc exactement dans les termes de la définition de l'article 177 du Code pénal, et, vu la qualité de militaire en activité de service qu'avait Boulanger, ce fait ainsi défini tombe sous l'application de l'article 261 du Code militaire.

Détournements par Boulanger, Général, Ministre de la Guerre.

Boulanger, étant général en activité de service, a été en même temps Ministre de la Guerre. Il est prévenu d'avoir en cette qualité soustrait ou détourné des sommes considérables qui étaient strictement destinées et devaient être rigoureusement appliquées aux besoins de l'armée et de la défense nationale.

Avant d'examiner les charges qui pèsent sur lui, il convient de rappeler d'une façon précise ce qu'étaient les fonds mis à sa disposition.

Les Ministres de la Guerre disposent d'une somme annuelle pour faire face aux dépenses secrètes de l'armée. Cette somme s'élevait en 1886-87 à 700.000 francs; depuis lors elle a été réduite à 500.000. Ils n'ont pas à rendre compte de l'emploi de cet argent, mais à la condition expresse que sa destination générale sera respectée : c'est le trésor de l'armée. Depuis 1872, et surtout depuis 1878, les Ministres se sont appliqués à faire des économies sur le chapitre des fonds secrets afin de constituer une épargne : c'est l'origine de la réserve. Cette caisse s'est enrichie de leurs économies accumulées ; ils ont estimé que leur devoir étroit était d'y ajouter sans cesse, et de n'y puiser jamais. Ces fonds de réserve n'avaient qu'un seul emploi possible à leurs yeux : ils devaient être appliqués aux besoins imprévus de la défense. Jamais on n'a confondu, même en comptabilité, la caisse des fonds secrets avec la caisse du fonds de réserve. C'est à ce point que si parfois les disponibilités de la caisse des fonds secrets étaient épuisées, on empruntait à la caisse de réserve, mais en ayant soin de porter sur les écritures la mention suivante : « Doivent les fonds secrets à la réserve la somme de....... (Déposition Desassis, Cote 297. *Dép.*, p. 89) ; et dès qu'on avait touché les fonds secrets du trimestre suivant on s'empressait de rembourser la réserve.

Ajoutons, comme conséquence, que le Ministre est comptable des moindres mouvements de la caisse de réserve, et que le Chef de l'État, en donnant tous les ans un *quitus* pour les fonds secrets de l'armée, n'y comprend jamais l'emploi des fonds de réserve. (Cote A, des pièces Reichert, dossier annexe 9).

Voyons maintenant ce que Boulanger, Ministre, a fait : 1° des fonds de réserve ; 2° des fonds secrets.

Fonds de réserve.

Lorsque Boulanger est arrivé au Ministère, les fonds appartenant à la caisse de réserve s'élevaient à une somme ferme, inscrite sur les livres des comptables. Il en a distrait 278.680 francs.

Qu'en a-t-il fait ?

1° Il a prêté 140.000 francs au Cercle militaire. Il n'en avait pas le droit. C'était une subvention déguisée, car il savait que jamais le Cercle ne pourrait s'acquitter. Il a pris à cet effet une partie de l'argent qui est sacré, car il est réservé à la défense de nos frontières, et personne n'a la faculté d'y toucher pour quelque motif que ce soit, les caissiers du Ministère n'ont pas même une clef de ce coffre-fort. Et pourquoi Boulanger y a-t-il puisé ? pour sa réclame. On sait en effet ce qu'a été pour lui le Cercle militaire. « C'est, a dit M. le général Saussier, une opinion assez généralement répandue dans l'armée, que la création de ce Cercle n'a été pour le Général Boulanger qu'un moyen d'augmenter sa popularité. » (Déposition de M. le général Saussier. Cote 165. *Dép.*, p. 139.

Si ce n'est pas là un détournement au sens juridique du mot, c'est au moins un acte contraire à la probité et contraire au patriotisme.

Il a employé 58.000 francs (pris sur la même somme de 278.680 francs) en gratifications aux employés secondaires du Ministère. Il n'en avait pas davantage le droit. Les gratifications ne sont jamais prises que dans la caisse des fonds secrets.

Ajoutons que cette opération est peu claire.

Le sous-intendant Reichert, en essayant d'établir après coup un compte justificatif, a prétendu, d'une façon dubitative il est vrai, que Boulanger n'avait fait qu'exécuter le projet de gratifications arrêté par son prédécesseur, M. le général Campenon. (Projet de rapport. Cotes B, C du dossier annexe 9 et interrogatoire Reichert, Cote 462. *Ann.*, p. 95. *Dép.*, p. 107.) Or, celui-ci avait fixé les gratifications de l'année à 40.000 francs; il y aurait donc eu de la part de Boulanger une majoration de 18.000 francs dont le motif ne serait pas expliqué.

Quoi qu'il en soit, le Ministre précédent aurait pris les 40.000 francs de gratifications sur les fonds secrets, ou à leur défaut sur le fonds de réserve à titre provisoire d'emprunt; tandis que Boulanger les a pris dans cette dernière caisse d'une façon définitive; il a donc ainsi détourné de leurs destinations les fonds les plus indisponibles de l'armée.

En troisième lieu, il a retiré de la caisse de réserve 80.000 francs (compris dans les 278.680 fr.). Nous ne suivrons pas les détails du gaspillage qu'il en a fait; il suffira de constater que sur cet ensemble les comptables ont reformé un capital de 30.000 francs qui devait être reversé à la caisse de réserve. Ceci n'est pas douteux, car M. Desassis avait mentionné avec soin sur une note spéciale : « Les 80.000 francs sont à la réserve. » (Cote 297. *Dép.*, p. 89.) Et Reichert avait porté à la date du 15 décembre sur son carnet cette autre mention relative aux 30.000 francs (résidu des 80.000 fr.) : « *Versé à la réserve spéciale* ». Cette constatation de Reichert était faite en grosses lettres et à l'encre rouge; il y avait donc là 30.000 francs appartenant à la réserve et qui devaient être transportés dans le coffre-fort spécial. Ils ne l'ont pas été. Ils ont été portés sortis d'une caisse sans entrer dans l'autre et placés à part en attendant. On verra plus tard que Boulanger s'est emparé de ce sac de 30.000 francs et l'a détourné,

Fonds secrets.

N'oublions pas que, quant aux fonds secrets, le Ministre en a sans doute la libre disposition sans contrôle, mais on ne saurait trop répéter que c'est à une condition, c'est que ces fonds soient employés dans l'intérêt de l'armée. C'est dans ce but qu'ils sont alloués, c'est dans ces termes que le Chef de l'État en donne *quitus* aux Ministres; et il tombe sous le sens que ce n'est ni un supplément de traitement, ni une somme offerte pour les plaisirs personnels d'un individu.

On sait très bien quel est l'emploi ordinaire des fonds secrets de la guerre. Le chapitre le plus important est le chapitre dit des renseignements; c'est un élément des plus sérieux de la défense du pays et de la sécurité des frontières. Un autre chapitre est celui des secours accordés aux inventeurs pauvres et aux citoyens qui mettent à l'étude des perfectionnements d'armement ou autres. Un troisième chapitre, non moins intéressant, est celui des allocations discrètement attribuées aux veuves et aux orphelins des militaires morts dans l'indigence. Assurément cette énumération n'est pas limitative, mais on peut comprendre par là le caractère spécial et respectable de l'emploi de ces fonds, dont nos Ministres de la Guerre ne disposent jamais qu'avec de patriotiques scrupules.

C'est cette caisse que Boulanger a vidée dans l'intérêt de sa conspiration politique ou de ses plaisirs inavouables.

Précisons.

Il a donné très peu de secours. Lui qui parle si bruyamment de son amour pour les déshérités, il a fait moins que les autres pour les pauvres. En effet, les secours distribués sous son Ministère ont été seulement de 16.500 francs pour toute l'année 1886, et de 5.000 francs pour les cinq mois de 1887.

Il est vrai que ses souscriptions aux œuvres de charité mondaines, ses dons fastueux et, en général, tout ce qui relève de la mode, l'entraînait à un gaspillage effréné de nos fonds. Un exemple : Pendant qu'il donnait 16.000 francs aux veuves et orphelins, il dépensait 61.000 francs pour ses réceptions et voyages.

Il n'a jamais dépensé pour la surveillance des frontières

de sommes indiquant une sollicitude comme celle dont i s'est toujours targué avec fracas. Son chapitre des « Renseignements » n'a compris que 294.000 francs pour l'anné 1886, soit une moyenne de 24.500 francs par mois, et qu 120.000 francs pour les cinq premiers mois de 1887, soi une moyenne mensuelle de 24,000 francs. Ce genre d dépenses a même faibli légèrement de janvier à fin mai 1887 et cependant c'est au mois d'avril que s'est produit l'incident Schnœbelé, dont il ne cesse de parler pour explique toutes choses.

Si Boulanger avait été patriote, c'est à cela qu'il eû dépensé les fonds de l'armée ; et s'il eût été probe, il aurai dû, comme tous ses prédécesseurs, enrichir le fonds d réserve, puisqu'il ne trouvait pas opportun de dépense davantage pour la défense.

L'instruction conduit plus loin encore : elle établit qu Boulanger ne faisait point d'économies, et que cependan il avait rogné sur toutes les dépenses, même les plus nécessaires, de la défense nationale.

Il faut laisser la parole à un témoin digne de fo M. Poincarré, dont la déclaration est tristement probante

— « A cette époque, dit le témoin, j'étais chef de cabinet de M. le Ministre de l'Agriculture. Un de mes attachés E. Gast, avait à entretenir un colombier militaire. Il me di *qu'il ne pouvait plus obtenir du Ministre de la Guerre* c qui lui était dû pour cette cause. En outre, plusieurs correspondants du Ministère, qui étaient chargés de missions spéciales et qui devaient toucher des indemnités sur les fonc secrets, avaient adressé à Gast des lettres qu'il m'a mor trées dans lesquelles *ils se plaignaient de ne plus recevo leur argent*. Cela fit naître dans mon esprit des soupçons q *les fonds secrets étaient détournés de leur destination lég time*, et j'en parlai dans ce sens à mon Ministre. » (Cote 29 *Dép.*, p. 177.)

Où donc passaient les fonds secrets ?

Sans entrer dans les détails, il suffira de relever ce

tains articles significatifs à raison desquels Boulanger ne pourra jamais donner la moindre explication.

Et ici, nous le disons de la façon la plus formelle : il n'est pas un fait, pas un chiffre cité par nous, qui ne soit textuellement tiré des livres et documents cachés par Reichert et saisis après son arrestation du 6 juin.

Les officiers du cabinet de Boulanger avaient leur traitement; en dehors de cela, on prélevait pour eux une somme sur les fonds secrets, et cette dépense était intitulée : « Indemnités aux officiers du Cabinet. » Ils ne pouvaient toucher plus.

Cependant nous trouvons qu'en 1886 le capitaine Driant perçoit 21.000 francs, et qu'en 1887 il se voit attribuer, conjointement avec un sieur Laage, 21.700 francs. Nous trouvons au même article qu'un sieur Molard touche, en 1886, 52.700 francs, et qu'un sieur Doyen touche, en 1887, 24.000 francs.

Ainsi, en 17 mois, 120.000 francs en chiffres ronds étaient absorbés par l'entourage immédiat du Ministre, en dehors du service régulier des renseignements. On peut se demander si diverses personnes n'ont pas figuré là comme prête-nom, et si Boulanger ne se serait pas approprié tout ou partie des 120.000 francs sous le couvert de leur complaisance. Ce point étant suffisamment indiqué, arrivons à la presse.

En 17 mois de ministère, Boulanger a donné aux journaux et aux journalistes chargés de le prôner et de faire de lui l'homme providentiel la somme exorbitante de 242.693 francs, prise tout entière dans la caisse de l'armée dont il était le gardien.

Cette somme est mentionnée en détail sur les carnets de Reichert. Rien au premier abord n'a paru plus suspect. Le trouble de Reichert lorsqu'il a été appelé devant la Commission, le soin qu'il avait pris d'enlever indûment ces papiers du Ministère, après avoir reconnu qu'ils appartenaient aux archives, puisqu'il les y avait laissés pendant deux années; la précipitation avec laquelle il les avait portés à Dillon à la première nouvelle des poursuites; la façon dont il s'était compromis en les cachant et en refusant de nommer ceux qui les détenaient : tout a permis de croire, au premier moment, que cette comptabilité ne pourrait supporter l'examen, ou tout au moins que la preuve de la culpabilité de Boulanger devait résulter de son étude. Les pièces ont donc été passées en revue avec le plus grand soin, et il en est résulté qu'on doit aujourd'hui poser ce dilemme à Boulanger :

Les comptes de Reichert sont de simples jeux d'écritures destinés à masquer d'énormes détournements commis par l'ancien Ministre; ou bien ces comptes sont sincères, et dans ce cas il en résulte que l'ancien Ministre (en dehors de ce qu'il a pris à l'aide de ses prête-nom) a détourné plus de 242.000 francs pour subventionner sa réclame.

Au demeurant, les chiffres inscrits par Reichert sont là, on ne peut les réfuter; il convient donc de les admettre tels qu'ils sont. Et Boulanger ne pourra pas se plaindre d'un système de discussion qui consiste à prendre pour base d'appréciations sa propre comptabilité.

Sans doute tous les Ministres de la Guerre peuvent subventionner des journaux, on doit même conjecturer que beaucoup l'ont fait, car cela peut être utile. En effet, il est bon de saisir l'opinion publique de certaines questions militaires : ce sera tantôt une invention à préconiser, tantôt une idée de progrès à offrir aux discussions libres pour l'amener à maturité. Oui, cela s'est fait et les renseignements puisés aux sources les plus autorisées ont appris que les dépenses de cette nature s'étaient élevées pour le Ministère de la Guerre jusqu'à 12 et 15.000 francs par an; mais cela ne s'est produit qu'à l'état d'exception, car les journaux qui s'occupent de ces questions techniques sont des feuilles sérieuses dont la rédaction n'est pas mise à l'encan.

Il n'y a rien de pareil dans le cas de Boulanger. Il n'a pas fait de campagne de presse en faveur des intérêts de l'armée; non, il a jeté à pleines mains l'or du Ministère dans l'intérêt de sa personne, pour se faire fabriquer une légende, pour conquérir une popularité factice et pour se frayer le chemin de la dictature. Voilà le but, but unique et incontestable, de la dilapidation des deniers de l'État par Boulanger; voilà qui caractérise l'abus de confiance. L'argent était la propriété de l'armée, il l'a détourné de sa destination pour le faire sien; tout est là.

Boulanger était incontestablement le courtisan de la presse et des journalistes. Pour se les mieux attacher, il avait institué au Ministère un officier supérieur pour leur livrer les nouvelles. Cet officier supérieur, nommé Plet, était incontestablement l'intermédiaire unique pour les communications et pour le versement effectif des subventions. C'est donc à lui que les sommes devaient aller, une fois sorties de la caisse. Nous allons voir cependant qu'il s'en est égaré beaucoup dans une autre direction. Ainsi, le capitaine Driant entre autres n'avait rien à voir avec le service de la presse, et cependant nous trouvons dans les mentions de la comptabilité Reichert qu'il reçoit, le 17 août 1886, 4.000 fr.; le même jour, deux autres mille francs (Pièces saisies. Nos 263 et 263 *bis*) ; le 28 septembre, 4.000 francs (N° 340) ; le 11 octobre 5.500 francs (Service de presse. N° 373) ; le 5 février 1887, la somme de 1.000 francs. (Presse. N° 43. Voir aux *Ann.*, p. 95 à 114.)

Nous trouvons une mention plus étrange encore : Boulanger lui-même figurait de sa personne à l'émargement des journaux. « *Paris, le 28 avril 1886. Le sous-intendant M. Reichert remet à M. le Ministre, par l'intermédiaire de M. le colonel chef du cabinet, la somme de dix mille francs (10.000 fr.) pour subventions aux journaux. Signé :* le sous-intendant militaire Reichert. » (N° 120. *Ann.*, p. 176.)

Le 26 août 1886, il touche encore personnellement 10.000 francs par le commandant Courtin, avec la mention « *Presse.* »

Occupons-nous maintenant des versements faits à des

étrangers : Boulanger a donné 25.000 francs au journal l'*Action* (Déposition Gelez, Cote 212. *Dép.*, p. 119). Il avait le *National* dans sa main au moyen d'un achat fictif de 1.000 numéros par jour. (Déposition Hanotaux, Cote 289. *Dép.*, p. 179.)

Un journaliste a reçu 10.000 francs pour sept mois ; un autre a touché 5.000 francs par trimestre, et ce qu'il y a de plus singulier, c'est que ce dernier individu ne figure au *Bottin* et ailleurs que sous l'indication de « représentant de commerce ».

Veut-on voir plus invraisemblable encore ? On trouve, toujours sous la rubrique « *Presse,* » des subventions *provisoires ou remboursables.* (Que peuvent signifier ces deux mots : subventions remboursables ?) Elles sont au nom ou plutôt à l'initiale mystérieuse d'un sieur **B.** Le compte est curieux à faire : Il s'élève au total de 19.500 fr. et se décompose comme suit :

9 octobre 1886	2.000 fr.
16 octobre	5.000
23 octobre	4.000
27 octobre	4.000
24 novembre	1.000
4 décembre	1.000
23 décembre	1.000
26 janvier 1887	500

Un détail caractéristique est à relever dans cette énumération : Le sieur **B.**, ou le prétendu **B.**, a donc reçu 15.000 francs dans le même mois d'octobre, dont 8.000 fr. en quatre jours.

Les cinq reçus délivrés par un sieur J.-Bapt. Jouve sont de 5.000 francs chacun. (Nos 92, 179, 396, 18, 181. Voir aux *Ann.*, p. 95, 114.)

Boulanger allait jusqu'à faire travailler ses historiographes sur commande, et quand la police se trouvait en travers de ses secrètes manœuvres, il payait des dédits avec l'argent de la France. Témoin la pièce qui suit :

« *Reçu la somme de mille francs. (Indemnité à l'auteur et à l'éditeur du* Général Revanche, *auxquels on a interdit la publication*). — Paris, le 12 août 1886. — *Signé :* Plet. » (N° 256. Cote 32. Paquet n° 3 des pièces Reichert. *Ann.*, p. 104.)

Voilà le genre d'emploi de 242.700 francs appartenant aux caisses de l'armée française par le Ministre dont Rochefort est chargé de vanter le désintéressement et le patriotisme.

Arrivons maintenant aux autres détournements.

Les sommes indéterminées.

Boulanger a pris des sommes importantes dans les caisses de la guerre pour subvenir à ses dépenses particulières. Posons bien les faits comme cela a eu lieu plus haut pour les détournements en matière de presse.

L'inculpé n'a aucune fortune. En décembre 1884 il a renoncé à la succession de son pére, mort insolvable, n'a rien pu payer; il n'avait que son traitement pour vivre, le fait est incontestable. On sait d'autre part qu'il a fait preuve, comme Ministre, d'un amour excessif du plaisir, de goûts fastueux, qu'il a entretenu des agents, dépensé sans compter, été réduit à laisser en souffrance nos colombiers militaires et jusqu'à notre service de renseignements. Donc il n'a jamais pu faire d'économies, et si l'on voit, à cette époque, entre ses mains le moindre capital, il faudra bien reconnaître qu'il ne l'a trouvé ni dans son patrimoine, ni dans son épargne, et que c'est l'argent du Ministère.

Ceci posé, voyons quelles ont été certaines sorties de fonds correspondant à l'époque où il était Ministre :

1° Il a payé les dettes de son père.

Le passif, avec les frais et faux frais, s'élevait à environ 78.000 francs. L'actif avait été réalisé, et le montant, 38.000 francs, était déposé à la Caisse des dépôts et consignations. Le 1er septembre 1886, Boulanger était maître des fonds secrets ; ce jour-là, il prend 25.000 francs au fonds de réserve, et aussi ce jour-là, il va déposer 60.000 francs chez Me Tansart, notaire, dont voici la mention écrite : « 1886. Septembre. 1. — Reçu de M. le Général Boulanger, pour payer les créanciers de la succession de M. Boulanger père, 60.000 francs. » (Cote 304. *Ann.*, p. 65.)

Il est vrai que l'emploi des 25.000 francs est expliqué autrement sur les carnets de Reichert, mais le versement chez le notaire n'en est pas moins certain. Il est vrai, d'autre part, que, le 1er avril 1887, Boulanger a retiré de la Caisse des consignations les 38.000 francs auxquels sa quittance générale lui donnait droit. (Déposition Labeyrie. Cote 300. *Dép.*, p. 115.), ce qui a réduit son sacrifice à 40.000 francs. Mais où a-t-il pris ces 40.000 francs ? Où avait-il pris les 60.000 francs le 1er septembre précédent ? Nous avons établi qu'il ne pouvait pas les tenir d'une source légitime.

2° Il a tenté une opération de publicité.

Boulanger, Ministre, a pris pour lui le journal l'*Avenir national*, dont le directeur, son homme de paille, était un failli non réhabilité. (Déposition Nagorsky, Cote 465. *Dép.*, p. 55.) Pour lui, il ne s'agissait pas de subventionner un journal dans les conditions ordinaires ; il cherchait à créer un système économique de clichage qui permettrait de répandre la rédaction de l'*Avenir* dans toute la presse départementale moyennant un prix rémunérateur. C'était une véritable opération commerciale. La tentative, suivie d'un échec complet, se traduisit pour lui par une perte qu'on a évaluée à près de 40.000 francs. Où a-t-il pris ces 40.000 fr. ?

3° Il a chargé la femme Pourpe (dont il a été déjà question) de louer et de meubler pour lui deux petits appartements en ville. Il a payé l'un des mobiliers entre 12 et 15.000 francs. (Déposition de M. Bernard, Cote 437. *Dép.*,

p. 284. Déposition de M. Ditte, Cote 438. *Dép.*, p. 286.) Le prix qu'il a payé pour l'autre mobilier n'a pas été révélé à l'instruction; pas plus que le prix du luxueux linge de table de ses maisons secrètes, linge marqué d'une étoile entre deux drapeaux.

4° Il a remis entre 6 et 7.000 francs à son ami Pech de Cadel pour illustrer une de ses histoires dites populaires, faire ses portraits, surveiller les éditions (Déposition Gelez, Cote 212. Dépositions Giély et Surville, Cote 267-68. *Dép.*, p. 119, 26 et 28) et lui rendre d'autres services de toute nature.

5° Il a pris pour 10.000 francs d'actions *nominatives* de la Société du Cercle militaire.

6° Il a encore acquitté avec les fonds secrets beaucoup de dépenses purement personnelles, jusqu'à des frais d'huissier, lorsqu'il signifiait une sommation à sa requête comme homme privé. On en trouve la preuve dans la comptabilité tenue par Reichert

Nous n'avons certes pas tout cité.

Que résulte-t-il de cet examen ? C'est que Boulanger n'a pu faire face à ses dépenses personnelles qu'en mettant au pillage les fonds secrets de l'armée. Nous trouvons, dans les seuls faits compris dans notre énumération sommaire, à peu près 120.000 francs ainsi détournés. Si le chiffre des détournements est impossible à préciser mathématiquement, la nature du crime et son importance n'en sont pas moins établies.

Les trente mille francs.

Un autre crime de détournement a été commis par Boulanger au moment où il a quitté le Ministère de la Guerre. L'exposé en sera court et très simple.

Le Cabinet dont Boulanger avait fait partie donna sa démission le 17 mai 1887; les Ministres furent, suivant l'habitude, chargés d'expédier les affaires courantes en attendant la nomination de leurs successeurs; en fait ils ne furent remplacés que par décret en date du 30 mai. Pendant cette période, Boulanger devait vivre et ne vivait qu'au jour le jour. C'est ainsi que du 28 au 31 il fit prendre par le capitaine Driant une somme de 2.000 francs, puis une somme de 1.000 francs pour faire face aux besoins quotidiens, sans pouvoir s'engager dans aucune dépense.

D'autre part, on doit se souvenir d'un fait établi plus haut, à savoir qu'une somme de 30.000 fr., appartenant au fonds de réserve et retirée de cette caisse, avait été reconstituée et que Reichert, comme Desassis (les deux comptables), l'avaient étiquetée : *Fonds de réserve*, l'avaient fait sortir de la catégorie « fonds secrets ». et qu'elle était à part en attendant sa réintégration dans le coffre-fort de la Défense.

Or à ce moment où Boulanger n'avait plus de droits, plus de charges, il se saisit de cette somme et la détourna.

Reichert a déclaré le fait en ces termes : « .... Cette somme a été remise par moi au capitaine Driant *par ordre du Général Boulanger*, dans les derniers jours de mai, et dans tous les cas après la démission du Ministère. Je n'ai pas connaissance de l'emploi qui a été fait de cette somme. » (Inter. Reichert du 17 juin, Cote 462. *Dép.*, p. 101, 107.)

Cette somme n'a pas été employée, voilà la vérité. Deux faits servent à le prouver matériellement : En premier lieu, Reichert, ainsi que ses livres l'établissent, écrivait absolument toutes les dépenses, fussent-elles de quelques francs ; il aurait donc eu indubitablement à mentionner la distribution de ces 30.000 francs. En second lieu, Boulanger n'a pas payé les dernières dettes du Ministère avant de quitter la rue Saint-Dominique, car nous trouvons ce renseignement décisif dans la déposition de M. le Général Ferron : « Le Général Boulanger, a dit ce témoin, m'a demandé de payer sur les fonds secrets certains travaux d'amélioration qu'il avait fait exécuter dans les bureaux de son cabinet sans avoir les crédits nécessaires. » (Cote 192. *Dép.*, p. 149.)

Boulanger s'est donc approprié la somme.

Il a du reste senti qu'il lui était nécessaire d'altérer la vérité pour voiler cet acte de son administration, car lorsqu'il a plus tard, ainsi qu'on le verra, essayé d'établir après coup un prétendu compte justificatif, il a dit dans son projet de lettre au Chef de l'État qu'il avait laissé à son successeur un excédent d'actif de 1.766 francs. (Cote C. des pièces Reichert, Dossier Annexe 9. *Ann.*, p. 95.)

Aucun système de défense ne lui est possible.

Il ne peut dire en effet que la somme de 30.000 francs ait été détournée par d'autres. Reichert la lui a remise, puisqu'il a reçu de lui à la dernière heure une décharge générale ; et Reichert n'a jamais eu d'intentions suspectes, puisqu'il avait étiqueté à l'encre rouge la liasse de 30.000 fr. et l'avait classée à part avec cette mention formelle : « *Versé à la réserve spéciale* ». On ne marque pas de la sorte ce qu'on a l'intention de dérober.

Quant à Driant, il n'a paru entre Reichert, qui remettait la somme et Boulanger qui la recevait, qu'à titre de simple intermédiaire et d'agent transporteur.

Comment d'ailleurs Boulanger contesterait-il sa culpabilité sur tous ces faits de détournement ? Il a agi en homme qui se sait coupable. Effectivement, quatre mois après sa sortie du Ministère, il a fait fabriquer une pièce mensongère pour se couvrir et obtenir un *quitus*. Sans doute il avait une décharge pour les fonds secrets de 1886, mais elle ne lui était délivrée que pour les *dépenses secrètes de l'armée ;* et comme une notable partie de l'argent n'avait pas été dépensée pour cela, l'obtention du *quitus* était entachée de fraude et conséquemment il n'aurait pu s'en prévaloir.

Il voulut mieux. Au mois de septembre, étant à Clermont, il envoya Driant à Paris trouver Reichert et fit dresser par celui-ci un prétendu compte justificatif, qui n'était qu'un tissu d'inexactitudes. (Cote B du Dossier annexe 9.) Reichert, pressé d'objections par le Président de la Commission d'Instruction, a reconnu que cette pièce manquait de base. (Interrogatoire Reichert, Cote 462. *Dép.*, 101, 107.)

Boulanger projetait alors d'extorquer à M. le Président de la République un *quitus* portant non seulement sur les fonds secrets, mais encore sur le fonds de réserve, ce qui est contraire à toutes les règles. Il fit passer dans ce dessein une note ainsi conçue à Reichert :

— « *Il serait peut-être bon de lui faire* **viser** (le mot est souligné) **aussi** *le procès-verbal signé par MM. les généraux Ferron et Boulanger, constatant la remise des* **fonds de réserve**. » (Cote B. du Dossier annexe 9.)

Les pièces destinées à tromper le Chef de l'État étaient prêtes, mais Boulanger trouva sans doute la démarche périlleuse; toujours est-il qu'il renonça à son voyage de Mont-sous-Vaudrey et s'en tint là.

M. le général Ferron s'est expliqué sur ces deux points devant la Commission :

— « *Il ne m'a demandé*, dit-il, *aucun reçu des fonds de la caisse de réserve.* » (Cote 192. *Dép.*, p. 143.)

Et sur le second point :

— « *Contrairement à l'usage,* ajoute la témoin, le Général Boulanger n'avait pas rendu compte à M. le Président de la République de la situation des fonds secrets. » (*Ibid.*)

Maintenant que l'on connaît les faits, l'abstention de Boulanger s'explique de reste.

Si secrètement qu'il ait pu agir, les soupçons ne pouvaient manquer de naître. Le journal l'*Autorité* dénonça Boulanger dès le 11 juillet 1887 en ces termes :

— « .... *Et après .... s'être soustrait surtout à la reddition de ses comptes en matière de fonds secrets, ce qu'aucun Ministre n'a jamais fait, il est parti....*, etc. » (Cote 872.)

Rochefort, en vain, payait d'audace en écrivant le 9 mars 1888 dans sa feuille :

« .... Ces malheureux se demandent avec un surcroît d'affolement par quels procédés inconnus du monde politique cet ancien Ministre de la Guerre est parvenu à laisser dans le pays des traces aussi profondes *sans avoir eu besoin de distribuer des fonds secrets à personne.* »

Aujourd'hui la vérité est connue.

Faits de moralité.

L'information a relevé à la charge de Boulanger d'autres faits, qui, au point de vue moral, le représentent sous le plus triste jour, mais qui ne semblent pas suffisamment démontrés, au moins quant à présent.

Le Procureur Général soussigné se bornera à les énoncer à titre de renseignements.

Et comme ils auraient été commis à une époque où Boulanger était militaire en activité de service, ils appartiendraient à une autre juridiction que la Haute Cour, si un supplément d'information devait être ordonné.

Affaire de décoration.

Boulanger, étant Ministre de la Guerre, se livrait à de telles dépenses que les fonds du Ministère ne lui suffisaient pas toujours. Ainsi, à un certain moment, il envoya le sieur Vergoin demander 4.000 francs à un chef de bureau d'un autre Ministère qui les refusa. Le sieur Vergoin se présenta, on l'affirme, comme venant de la part du Général.

Quoi qu'il en soit, la liaison de ces deux personnages n'était pas douteuse, car le même sieur Vergoin chargea un intermédiaire de proposer à M. X., riche industriel du Nord, la décoration de la Légion d'Honneur moyennant 80.000 fr.; l'intermédiaire exigea des références et une lettre du Général Boulanger lui fut remise. Cette lettre de Boulanger a été vue par un tiers des plus honorables. Mais l'industriel ayant fait à cette époque une longue absence hors de France, l'affaire n'eut pas de suite. La lettre de Boulanger a été détruite au moment où éclata le procès Caffarel. (Déposition Trélat, Cote 445, *Dép.*, p. 197.)

Affaire Baudouin-Lavauzelle.

Il a été exposé plus haut que Baudouin (de la maison Dumaine) avait refusé de faire de la propagande dans l'armée en faveur de Boulanger, Directeur de l'infanterie. Celui-ci, devenu Ministre, s'empressa de remplacer le *Journal Militaire* de Baudouin par le *Bulletin officiel du Ministère de la Guerre*, qu'il mit en adjudication. Les conventions et marchés passés avec Baudouin ou ses auteurs furent dénoncés, et le 26 octobre 1886, des affiches annonçaient partout l'adjudication avec cette clause : « Ne seront admis à soumissionner que les imprimeurs-éditeurs patentés ayant à Paris des ateliers suffisants pour assurer le service. »

Cette exigence traditionnelle se trouvait reproduite en ces termes dans l'article 31 du cahier des charges : « L'éditeur est tenu d'envoyer deux fois par jour au Ministère.... un porteur chargé d'assurer le transport des documents à composer, des épreuves de ces documents, des numéros et tirages à part.... »

A cette époque, Boulanger était en relations avec un imprimeur de Limoges nommé Lavauzelle, qui était un de ses plus ardents agents de propagande. Une seconde édition des affiches fut placardée après coup, mais pas à Paris ; le cahier des charges fut également modifié après coup, et Lavauzelle fut déclaré adjudicataire, quoique n'ayant pas d'atelier dans la capitale.

Baudouin affirme que Lavauzelle a pu soumissionner à un taux inférieur parce que Boulanger lui avait d'avance garanti le transport gratuit de tous ses papiers, de Limoges à Paris et *vice versa*, sous forme de colis postaux.

D'autre part, l'article 23 du cahier des charges imposait à l'adjudicataire quel qu'il fût du *Bulletin officiel* de reprendre à Baudouin toutes les collections du *Journal Militaire* moyennant un prix évalué approximativement à 77.000 francs. Sur ce point encore, le cahier des charges fut modifié après coup et Lavauzelle se trouva déchargé de cette obligation.

Il en est résulté pour celui-ci des avantages exorbitants, contraires au bien du service et peut-être frustratoires pour le Trésor.

Vers le même temps, Boulanger voulut décorer Lavauzelle. Mais, à la suite d'une enquête, le fait parut impossible au Ministère de la Guerre. Alors Boulanger prit un arrangement et fit donner à Lavauzelle une des croix réservées au Ministère du Commerce. (Déposition Baudouin, Cote 183. *Dép.*, p. 30.)

La Banque de Tunis.

Pendant que Boulanger était Ministre, M. Benoit-Champy écrivait à un financier : « Ce qui m'ennuie, c'est la Banque de Tunis. Il m'est impossible, à moins de m'exposer au soupçon de faire une carotte personnelle, de continuer à *réserver 40.000 francs pour le groupe* Théry qui ne fait rien, rien, *qui ne fait agir ni Boulanger* ni personne. » (Cote 331. *Dép.*, p. 202.)

M. Benoit-Champy a expliqué ainsi sa lettre à M. le Président de la Commission d'instruction : « Il s'agissait, a-t-il dit, de la création d'une Banque d'État à Tunis. Pour le succès de cette affaire, nous avions besoin du concours de la presse. D'un autre côté, *le Général Boulanger était alors Ministre de la Guerre, et comme il avait commandé à Tunis, il était considéré comme pouvant exercer sur le sort de l'opération une influence décisive dans le Conseil des Ministres. La somme de 40.000 francs était destinée à un groupe de journaux.... Tous ces journaux soutenaient le Général Boulanger.* » (Déposition de M. Benoit-Champy, Cote 326. *Dép.*, p. 199.)

Achat d'outillage militaire à New-York.

Vers le mois de septembre 1886, le Général-Ministre Boulanger envoya une mission militaire aux États-Unis pour acheter un matériel de fabrication de fusils. M. le général Gras, désigné comme chef de la mission, apprit de Boulanger lui-même que celui-ci entendait lui adjoindre deux Américains de sa connaissance, qui lui serviraient d'interprètes et de guides. Ensuite le Ministre raconta que ses amis n'étaient pas alors présents à Paris, et finalement le général Gras partit seul avec ses collègues. En arrivant à New-York, il trouva un télégramme de Boulanger lui annonçant que le paquebot suivant lui amènerait un surauxiliaire. Ce paquebot arriva le dimanche. Et ce fut seulement le lundi soir que l'envoyé de Boulanger se présenta à M. le général Gras. Ce n'était plus un Américain, c'était un Français, incapable de servir d'interprète puisqu'il ne savait pas la langue du pays. M. le général Nimes a dit dans sa déposition que l'envoi de ce personnage ne lui agréa guère, car il en avait entendu parler comme d'un faiseur et d'un lanceur d'affaires. (Déposition de M. le général Nimes, Cote 216. *Dép.*, p. 57.)

M. le général Gras constata bientôt que l'envoyé civil de Boulanger, non seulement ne lui serait pas utile, mais qu'il lui était nuisible, car avant de se présenter à lui il était allé prévenir un grand fabricant américain avec qui notre mission se proposait d'entrer en marché, et il ne lui avait pas laissé ignorer que nous avions besoin d'acheter et d'acheter vite. C'était nous mettre à sa merci. Aussi nos officiers se tinrent sur une extrême réserve vis-à-vis de ce prétendu intermédiaire, et la froideur de M. le général Gras fut tellement marquée que cet envoyé cessa de l'accompagner. Les officiers français remplirent alors autre part l'objet de leur mission, au succès de laquelle ils suffisaient amplement.

A peine de retour à Paris, M. le général Gras se présenta au Ministère pour rendre compte des résultats de son voyage. Immédiatement Boulanger lui demanda s'il avait été content de son ami, et confidentiellement si celui-ci avait reçu une commission. (Déposition de M. le général Gras, Cote 217. *Dép.*, p. 61.)

Affaire des lits militaires.

Un sieur Laffitte, fournisseur des lits militaires, commandité par M. X., banquier, arrivait à l'expiration de son traité. C'était sous le Ministère de Boulanger. Sarda et Lecerf, fabricants d'équipement, obtinrent de gré à gré un traité pour vingt années. Laffitte et son bailleur de fonds X. allaient être très gravement atteints par cette éviction. Il était question pour celui-ci, il l'a reconnu lui-même, d'une perte de plusieurs millions.

Le traité de Sarda et Lecerf était signé ; il ne lui manquait plus que la ratification du Ministre (Déposition Sarda, Cote 426. *Dép.*, p. 219), pièce de pure forme, puisque le Ministre s'en remet toujours à l'intendance du soin d'examiner et de peser les avantages des contrats de cette nature.

M. X. fit tous ses efforts pour obtenir de Sarda et Lecerf une renonciation à leur traité. Il dépêcha vers eux un sieur Gonard, qui ménagea une entrevue. Gonard s'absenta un instant (Déposition Gonard, Cote 429. *Dép.*, p. 228) ; X. aurait alors proposé depuis 100.000 jusqu'à 300.000 fr. aux adjudicataires en échange de leur renonciation. Ils refusèrent. (Déposition Sarda, Cote 426. *Dép.*, p. 219.) Un sieur Roger s'interposa à son tour et fit des propositions ; Lecerf et Sarda tinrent bon. (Déposition Roger, Cote 432. *Dép.*, p. 230.) Buret, l'ami du Général Boulanger, fut chargé d'une nouvelle démarche et offrit, de la part de la Société Laffitte, ou plutôt de X., une somme de 500.000 fr. à Lecerf et Sarda. (Déposition Buret, Cote 422. Déposition Lecerf, Cote 427. Déposition Sarda, Cote 426. *Dép.*, p. 9, 218 et 219.)

(Voilà encore sur ce point la déclaration de Buret confirmée par des dépositions étrangères, ce qui prouve une fois de plus que cet homme, dans ses dires, n'est pas indigne de toute créance.)

L'insuccès de ces démarches successives prouvait clairement que Lecerf et Sarda ne voulaient à aucun prix abandonner leur traité. La société Laffitte et X., qui recevait par là un coup fatal, était donc réduite à se résigner ou à employer d'autres moyens. A ce moment, M. X. alla dîner chez Buret avec Boulanger, l'intimité la plus grande existait entre les trois convives; c'est là que le Ministre de la Guerre tutoyait sans contrainte le repris de justice. Boulanger et X., après le repas, quittèrent Buret et s'éloignèrent ensemble. Un des jours suivants, Lecerf et Sarda apprirent que le Ministre Boulanger avait refusé sa ratification au traité. X. et Laffitte conservaient leur privilège.

X. déclare ne pas se souvenir de ces négociations (Cote 428. *Dép.*, p. 220); mais elles sont attestées par cinq témoins : Lecerf, Sarda, Gonard, Roger, Buret.

X. voulait donner jusqu'à un demi-million pour obtenir contre Sarda et Lecerf la continuation du traité Laffitte; il l'a obtenue et, dans l'intervalle, il est allé dîner avec Boulanger chez un hôte qui ne devait guère lui convenir, à moins qu'il n'eût à traiter des affaires urgentes et d'une nature assez secrète.

Quoi qu'il en soit, l'instruction n'a pu établir ce qui s'est passé entre eux.

Certaines objections ont été soulevées. Ainsi le sieur Roger raconte que le rejet du traité Lecerf et Sarda a été dû à l'influence de deux députés. Il ne s'aperçoit pas qu'en alléguant cela il se met en contradiction avec lui-même, puisqu'il a déclaré qu'au cours de ses démarches d'intermédiaire la société Laffitte (ou X.) était avertie par le Ministère de la Guerre de tout ce qu'il faisait ou écrivait en faveur de Lecerf et Sarda. (Cote 432. *Dép.*, p. 230). Il résulte bien de ce rapprochement que la société Laffitte n'avait pas dans l'affaire pour protecteurs deux députés étrangers, mais bien le Ministère de la Guerre lui-même. Or si le Ministère de la Guerre penchait ainsi vers X. contre Lecerf et Sarda, on comprend d'autant mieux qu'une conversation finale entre Boulanger et X. ait amené la solution favorable à celui-ci.

RÉSUMÉ ET CONCLUSIONS

Les faits contenus au chapitre premier établissent le crime de complot à la charge de Boulanger, de Dillon et de Rochefort. Ils ont ensemble, et de concert, tout conçu et tout réalisé; s'il y a eu partage des rôles, il n'en résulte pas d'inégalité dans les responsabilités; tous les trois sont co-auteurs.

Les faits contenus au chapitre deuxième sont caractéristiques de la circonstance aggravante du complot (actes commis ou commencés pour en préparer l'exécution), sans qu'il y ait lieu d'établir une distinction entre les trois co-auteurs.

Les faits contenus au chapitre troisième se réfèrent au crime d'attentat ou de tentative d'attentat. Il convient, sur ce point, d'examiner séparément la situation de chacun des trois inculpés.

Boulanger s'est proposé de changer le Gouvernement de la France et de s'emparer du pouvoir suprême à l'aide de moyens violents; des commencements d'émeute se sont produits à son instigation; ses efforts n'ont été déjoués que par la résistance armée des représentants de la loi : il a donc, au premier chef, commis le crime de tentative d'attentat.

Rochefort s'est rendu complice du crime de tentative d'attentat en provoquant à le commettre, en aidant ou assistant l'auteur principal de ce crime dans les faits qui l'ont préparé.

Dillon est également complice du crime de tentative d'attentat. Si sa coopération matérielle n'est pas démontrée, on doit du moins retenir qu'il a, sans interruption aucune, été le compagnon et le conseiller de Boulanger, qu'il l'a toujours excité à se saisir de la dictature, et qu'après l'action violente des 8 et 14 juillet 1887, il le pressait de *la reprendre*.

Les faits contenus au chapitre quatrième se composent : 1° de deux faits de corruption relevés à la charge de Boulanger, Général commandant le corps d'occupation de Tunisie; 2° et de faits de détournements relevés à la charge de Boulanger, Ministre de la Guerre.

En ce qui concerne les deux faits de corruption, ils constituent le crime défini par l'article 177 du Code pénal et puni par l'article 261 du Code militaire. (Loi du 9 juin 1857.)

Ils ne sont pas connexes aux crimes d'attentat et de complot dont la Haute Cour est saisie.

Ils sont reprochés à un militaire en activité de service, car pour déterminer la qualité du prévenu, il faut se reporter non à la date des poursuites, mais au jour de la perpétration de l'acte.

En conséquence, la connaissance de ces deux crimes de corruption appartient au conseil de guerre.

En ce qui concerne les faits de détournement, ils doivent être divisés. Le Procureur Général leur attribue des caractères différents suivant la distinction ci-après :

Boulanger, Ministre de la Guerre, a détourné des fonds qui ne pouvaient être appliqués qu'aux besoins de l'armée. Il en a consacré une partie aux dépenses de sa vie privée, comme par exemple au payement de dettes successorales, à la libération de titres nominatifs, à l'acquisition secrète de mobilier, etc.; de même, à la veille de quitter le Ministère, il s'est emparé d'une somme de trente mille francs appartenant à la caisse de réserve, sans que l'instruction ait pu établir quel usage il en a fait ultérieurement.

Il n'y a donc pas là non plus de connexité établie; et la Haute Cour ne saurait se saisir compétemment de la connaissance de ces deux crimes.

Quelle est alors la juridiction compétente à raison de ces détournements commis par Boulanger Ministre?

Aux termes de l'article 12 de la Constitution de 1875, les Ministres relèvent d'une juridiction exceptionnelle; s'ils sont mis en accusation par la Chambre des Députés, le jugement, dans ce cas, appartient au Sénat constitué en Haute Cour de Justice.

Cette attribution spéciale de juridiction étant de droit étroit, il en résulte que si la Chambre des Députés n'a pas prononcé la mise en accusation, la Haute Cour n'est pas saisie.

Dès lors, le cas d'exception ne s'étant pas produit, on reste dans les cas de droit commun.

S'il en était autrement, il arriverait que des crimes relevés par les officiers de police judiciaire resteraient impunis faute de juges, outre que le principe de l'égalité devant la loi serait violé.

Si, au contraire, le droit commun reprend son empire, la question de compétence est d'avance résolue en ces termes : le Ministre qui n'est pas mis en accusation par la Chambre des Députés doit être renvoyé devant ses juges naturels. Si c'est un Ministre civil, il deviendra justiciable de la Cour d'assises; si le Ministre est un militaire en activité de service, il appartiendra à la justice militaire.

Telle est la situation de Boulanger. Les détournements ci-dessus spécifiés ont été commis (si la preuve en est rapportée) par un Ministre membre de l'armée active; ils ne sont pas connexes aux crimes d'attentat et de complot; ils sont définis par l'article 169 du Code pénal et punis par l'article 263 du Code militaire; leur connaissance appartient au Conseil de guerre.

En conséquence, attendu qu'il existe contre Boulanger charges suffisantes d'avoir en 1885, 1886 et 1887, à Tunis et à Paris, commis deux crimes de corruption et deux crimes de détournement, alors qu'il était militaire en activité de service, le Procureur Général estime qu'il doit être, quant à ces quatre chefs d'inculpation, renvoyé devant la juridiction militaire.

Mais le Procureur général ne saurait requérir sur ce point ni renvoi ni disjonction, car la Haute Cour demeure souverainement saisie de toutes les pièces de la procédure, et elle est appelée, dans tous les cas, à statuer la première, puisqu'elle est saisie des faits entraînant la peine la plus forte.

Le Procureur Général doit donc se borner à demander acte à la Chambre des mises en accusation de ses expresses réserves quant aux faits susceptibles d'être ultérieurement déférés au Conseil de guerre compétent.

Un autre point reste à examiner, à raison duquel le Procureur Général soussigné devra proposer une solution différente.

Boulanger, Ministre de la Guerre, a détourné des sommes considérables, s'élevant à 242.693 francs, qui ne pouvaient être employées que dans l'intérêt de l'armée et qu'il a dissipées à son profit personnel sous forme de subventions à la presse. Ces dépenses avaient pour objet sa glorification personnelle et sa propagande d'aspirant à la dictature. Le but de ces détournements établissait donc un lien étroit entre ceux-ci et les secrètes visées de leur auteur : ces détournements, en d'autres termes, étaient donc commis pour faciliter le complot et aplanir le chemin de Boulanger vers l'attentat.

Donc ils constituent un crime connexe à l'attentat et au complot, et la Haute Cour saisie des uns est compétente pour statuer sur les autres. Aussi le Procureur Général comprendra-t-il dans ses réquisitions les détournements de sommes que Boulanger a dépensées dans son intérêt personnel sous forme de subventions à la presse.

RÉQUISITIONS

En conséquence,

Le Procureur Général près la Haute Cour,

Vu les pièces de la procédure, ensemble l'examen qui précède :

I. — *En ce qui concerne Soudey :*

Attendu qu'il n'existe pas contre lui charges suffisantes de s'être rendu co-auteur ou complice des crimes de complot et d'attentat relevés contre Boulanger et autres,

Vu l'article 229 du Code d'instruction criminelle,

Requiert qu'il plaise à la Chambre d'accusation de la Haute Cour dire qu'il n'y a lieu à suivre contre lui.

II. — *En ce qui concerne Reichert :*

Attendu qu'il n'existe pas contre lui charges suffisantes de s'être rendu co-auteur ou complice des crimes de complot et d'attentat relevés contre Boulanger et autres,

Vu l'article 229 du Code d'instruction criminelle,

Requiert qu'il plaise à la Chambre d'accusation de la Haute Cour dire qu'il n'y a lieu à suivre contre lui.

III. — *En ce qui concerne Boulanger seul :*

Sur les deux chefs de corruption et sur les deux chefs de détournement non connexes et relevés contre Boulanger, militaire en activité de service;

Attendu qu'il y a lieu à les réserver pour être statué ultérieurement, ainsi qu'il appartiendra;

Requiert qu'il plaise à la Chambre d'accusation de la Haute Cour lui donner acte de ses réserves.

IV. — *En ce qui concerne Boulanger, Dillon et Rochefort,*

Sur le chef de complot :

Attendu qu'il existe contre eux charges suffisantes :

D'avoir, au cours des années mil huit cent quatre-vingt-six, mil huit cent quatre-vingt-sept, mil huit cent quatre-vingt-huit et mil huit cent quatre-vingt-neuf, à Paris et à Clermont-Ferrand, concerté et arrêté ensemble un complot ayant pour but, soit de détruire ou de changer le Gouvernement, soit d'exciter les citoyens ou habitants à s'armer contre l'autorité constitutionnelle;

Avec cette circonstance que ledit complot a été suivi d'actes commis ou commencés pour en préparer l'exécution.

Sur le chef d'attentat :

Attendu qu'il existe contre Boulanger charges suffisantes :

D'avoir, depuis moins de dix ans, et spécialement les huit et quatorze juillet, premier et deux décembre mil huit cent quatre-vingt-sept, à Paris, commis un ou plusieurs attentats dont le but était soit de détruire ou de changer le Gouvernement, soit d'exciter les citoyens ou habitants à s'armer contre l'autorité constitutionnelle,

Lesquels attentats ont été manifestés par des actes d'exécution ou des tentatives qui n'ont été suspendues ou n'ont manqué leur effet que par des circonstances indépendantes de la volonté de leurs auteurs;

Attendu qu'il existe contre Dillon charges suffisantes :

D'avoir, avec connaissance, aidé ou assisté Boulanger dans les faits qui ont préparé ou facilité l'action, et de s'être ainsi rendu complice du crime d'attentat ci-dessus spécifié;

Attendu qu'il existe contre Rochefort charges suffisantes :

D'avoir, par machinations ou artifices coupables, provoqué au crime d'attentat ou donné des instructions pour le commettre;

D'avoir, avec connaissance, aidé ou assisté Boulanger dans les faits qui ont préparé ou facilité l'action; et de s'être ainsi rendu complice dudit crime d'attentat ci-dessus spécifié.

V. — *En ce qui concerne Boulanger seul :*

Attendu qu'il existe contre lui charges suffisantes d'avoir en 1886 et 1887, à Paris, étant dépositaire ou comptable public, détourné ou soustrait des deniers publics qui étaient entre ses mains en vertu de ses fonctions;

Avec cette circonstance que Boulanger a commis les détournements ou soustractions ci-dessus pour se procurer les moyens de commettre les crimes d'attentat et de complot spécifiés plus haut ou pour en faciliter l'exécution,

Crimes prévus et punis par les articles 87, 88, 2, 89, 59, 60 et 169 du Code pénal;

Vu les articles 227, 231, 232 et 134 du Code d'instruction criminelle; 10, 11 et 12 de la loi de procédure du 10 avril 1889;

Requiert qu'il plaise à la Chambre d'accusation de la Haute Cour, dire qu'il y a lieu à accusation contre Boulanger, Dillon et Rochefort; rendre contre chacun des sus nommés une ordonnance de prise de corps, et ordonner qu'ils seront renvoyés devant le Sénat, constitué en Haute Cour de Justice, pour y être jugés conformément à la loi.

Fait au Parquet de la Haute Cour, le quatre juillet mil huit cent quatre-vingt-neuf.

Le Procureur Général,

Quesnay de Beaurepaire.

II
ANNEXE AU RÉQUISITOIRE

Cote 1130.

Examen de la question de compétence.

Le Ministère public a demandé l'autorisation de poursuivre et a libellé son réquisitoire introductif sous la double inculpation d'attentat et de complot: la Commission d'instruction a informé sur les deux chefs.

La Haute Cour de Justice est-elle compétente à ce double point de vue; ou, pour poser nettement la question, est-elle compétente pour statuer sur le crime de complot, isolément envisagé?

Nous répondons affirmativement en ajoutant même que jamais jusqu'ici ce point n'avait été controversé.

1° Doctrine.

Les adversaires de la compétence du Sénat échafaudent tout leur système sur un argument de texte.

Ils prennent d'une part la loi du 16 juillet 1875, dont l'article 12 est ainsi conçu : « Le Sénat peut être constitué en Cour de Justice par un « décret du Président de la République, rendu en Conseil des Ministres, « pour juger toute personne prévenue d'attentat commis contre la sûreté « de l'État. » Ils invoquent en regard l'article 87 du Code pénal, qui définit l'attentat, et de ce rapprochement, tirent la conséquence que le Sénat ne peut être compétent en dehors des prévisions de l'article 87, par ce motif que tout est de droit strict, en matière de lois répressives.

Nous allons démontrer sans peine qu'il n'y a là qu'une apparence.

Remarquons tout d'abord que les textes cités se prêtent mal à un semblable raisonnement.

En effet, si les articles 87 et 91, en visant des crimes spéciaux, contiennent le mot « attentat », la loi du 16 juillet 1875 renferme l'expression d'ordre général « attentat commis contre la sûreté de l'Etat », et ces derniers mots sont la reproduction non du texte d'un article, mais de l'intitulé d'un chapitre du Code.

Ajoutons que la loi du 16 juillet se réfère incontestablement à la Constitution (loi du 24 février précédent) dont l'article 9 porte : « Le Sénat peut être constitué en Cour de Justice... pour connaître des attentats commis contre la sûreté de l'Etat » ; et l'on ne peut méconnaître que le mot « attentats », employé ainsi au pluriel, est pris dans son acception générique plutôt que dans le sens restreint d'un cas particulier.

Consultons maintenant le Code pénal, pour connaître la portée véritable du mot « attentats » et des mots « sûreté de l'Etat. »

Le chapitre 1er du titre I du livre troisième, qui embrasse 28 articles, prévoit et punit les « crimes et délits contre la sûreté de l'Etat. » Les crimes contre la sûreté extérieure forment la première section (art. 75 à 85); la seconde section s'applique aux crimes contre la sûreté intérieure (86-101); et dans l'article 108, qui constitue la troisième section, nous trouvons la dénomination d'ensemble formulée en ces termes : « Complots ou autres crimes attentatoires à la sûreté intérieure ou extérieure de l'Etat. »

Ainsi donc, l'expression générale est celle qui se rapporte à l'article 9 de la Constitution de 1875, et l'article 87 du Code pénal, au lieu d'être l'objectif ou le régulateur de la loi constitutionnelle, n'apparaît plus que comme un des numéros de la nomenclature.

Cette opinion s'impose, dès lors que la Constitution a érigé le Sénat en cour souveraine, car on ne saurait concevoir qu'une Cour souveraine fût confinée dans le cercle étroit de deux articles, détachés d'un chapitre dont elle s'est assimilé l'intitulé général par les mots « Sûreté de l'État »; c'est donc aux expressions de l'article 108 qu'il faut recourir pour interpréter la loi de 1875 sans choquante invraisemblance.

Ajoutons que l'article 108 n'est pas le seul qui nous fournisse cette explication logique et nécessaire du sens générique du mot « attentat », puisque l'article 125 vise le « Complot attentatoire à la sûreté intérieure de l'État. »

Il suffit, d'ailleurs, pour démontrer l'inanité de l'argument de texte, d'indiquer à quelles conséquences on en arriverait s'il était admis ; la Haute Cour ne serait jamais compétente en matière d'attentats commis contre la sûreté extérieure de l'État, puisque dans aucun des articles de la première section le mot « attentat » n'est prononcé.

D'autre part, la Haute Cour serait compétente pour juger les appels aux crimes (l'article 91 portant le mot « attentat ») et elle demeurerait incompétente pour juger les levées d'insurgés (le mot « attentat » ne se rencontrant pas dans l'article 92).

Il y a mieux encore; la Haute Cour serait compétente pour le cas prévu dans le paragraphe premier de l'article 91, qui porte le mot « attentat », et elle serait incompétente pour le cas prévu dans le paragraphe 2 du même article, qui porte le mot « complot ».

De telle sorte que cette Cour souveraine aurait été appelée par la Constitution à défendre « la Sûreté de l'Etat » dans les seules proportions d'un article, et d'un demi-article du Code pénal.

Voilà où conduit par une rigoureuse logique l'examen des textes ; donc ceux qui les invoquent pour nier la compétence du Sénat, Haute Cour de justice, en matière de complot, y trouvent la réfutation évidente de leur système.

Mais, allons plus loin, la question n'est pas là véritablement. Nous allons démontrer que les articles de la Constitution de 1875 ne se réfèrent pas aux articles du Code pénal, d'où s'ensuivra que ceux-ci n'exercent aucune action directe sur ceux-là.

2° Explication historique de la loi de 1875.

On s'efforce vainement aujourd'hui de nier la portée de l'article 9 de la loi de 1875, en plaçant la Constitution sous l'empire d'un article du Code pénal ; cette prétention est contredite par les faits ; la Constitution procède d'une origine plus haute et très différente.

D'où découle l'article 9 devenu article 12 ?

De ce principe supérieur qui veut que tous les gouvernements, même les plus opposés d'origine, aient le même besoin et le même devoir : se défendre. Joignons-y, qu'aux crimes d'une espèce exceptionnelle, il faut une juridiction exceptionnelle ; aux forfaits politiques, des magistrats politiques ; et que les actes qui menacent l'Etat tout entier doivent trouver leurs juges au-dessus des juricdictions locales.

La Constitution de 1875 a si bien été inspirée par ces idées absolues, que l'article dont nous nous occupons a été voté sans discussion. On ne s'est donc proposé ni d'abroger, ni d'innover ; on a enchâssé là, sans débat, un texte protecteur qui avait sa formule préexistante ; la modification de la phrase n'empêche pas d'affirmer l'identité de la pensée : l'article 9 de la Constitution de 1875 est un emprunt fait aux Constitutions antérieures ; rien de plus.

Rappelons le texte de ces Constitutions pour faire mieux toucher du doigt cette vérité.

Au moment même de la chute de l'ancien régime, les 3-14 septembre 1791, la Constitution nouvelle porte à son article 23 (Titre III, chapitre V) : « Une Haute Cour nationale formée des membres du Tri- « bunal de Cassation et des hauts jurés connaîtra.... les crimes qui « attaqueront la sûreté générale de l'État ».

Ainsi, voilà la première formule. Tout fait attentatoire à la sûreté de l'État relèvera de la Haute Cour. Le Code, qu'on invoque comme le régulateur de cette loi, n'a été enfanté que dix-neuf ans plus tard; c'est bien cette loi, et non le Code, qui est l'ancêtre direct de notre article 12.

Mais, poursuivons; la filiation va être clairement établie.

On lit dans l'article 101 de la Constitution de l'an XII : « Une Haute « Cour Impériale connaît..... des crimes, attentats et complots contre la « sûreté intérieure et extérieure de l'État. »

Dans cette deuxième loi organique, antérieure de plusieurs années à la confection du Code pénal, on retrouve la préoccupation du législateur de 1791, avec une terminologie qui, sans être modificative, apparaît plus complète : « Attentats et complots. »

Passons à la Charte de 1814. En voici l'article 33 : « La Chambre des « Pairs connaît des crimes de haute trahison et des attentats à la sûreté « de l'État ».

Ce sont là exactement les termes de notre loi de 1875.

Ce n'est pas tout. La Charte de 1814 ajoute que ces attentats « seront « définis par la loi ».

Ainsi, une loi sera nécessaire, et cependant le Code pénal est promulgué depuis quatre ans; donc, le Code pénal n'est pas la loi à laquelle il faille se référer, donc ce n'est pas un article de ce Code qui pourra jamais servir à définir les termes de la Charte; et comme la Constitution de 1875 n'est que la reproduction textuelle de la Charte de 1814, la Constitution de 1875 n'est à aucun degré le reflet du Code pénal, et l'article 87 de ce Code n'est en aucune façon son texte type.

En 1830, nouvelle Charte: maintien intégral du texte de la Charte de 1814 après une discussion des plus instructives à la Chambre des Députés.

M. Mauguin voulait qu'on retranchât (de l'article 28) les mots « attentats..... qui seront définis par la loi.» M. Mestadier fit remarquer qu'il y avait des crimes et des attentats à la sûreté de l'Etat, dont la Chambre des Pairs ne devait pas être saisie. « Il y a, dit Berryer, « un livre entier (du Code pénal) intitulé : *Des crimes contre la sûreté de « l'État; devront-ils être soumis à la Chambre des Pairs?* » Dupin fit remarquer que s'il en était ainsi, la Chambre Haute devrait être en permanence, tandis qu'il semblait convenable qu'elle ne s'assemblât que dans des cas, fort rares, où la sûreté de l'État tout entier était mise en péril : c'est alors que la proposition Mauguin fut rejetée.

Il en résulte bien clairement qu'alors, la Haute Cour était reconnue compétente pour tous les crimes attentatoires (articles 75 à 108 du Code pénal), mais qu'elle jugeait nécessaire de restreindre en pratique le nombre des cas à juger, pour ne statuer que dans les circonstances les plus graves.

La deuxième République, mue par le même esprit de Gouvernement, resta fidèle aux traditions des précédents régimes; elle inséra dans sa Constitution l'article 91 ainsi conçu :

« Une Haute Cour de Justice juge toutes les personnes prévenues « de crime, attentats ou complots contre la sûreté intérieure ou exté« rieure de l'Etat.»

Cette fois, il était dit expressément que la Haute Cour devait connaître de tous les crimes attentatoires des articles 75 à 108 du Code pénal et le mot complot était prononcé comme pour mieux rendre impossible toute équivoque.

Ajoutons que depuis 1830 la loi restrictive ou énonciative promise depuis 1814 n'avait pas été faite et que la réforme du Code pénal, en 1832, n'avait apporté sur la matière qui nous occupe aucune modification essentielle. Au surplus il ne s'agissait guère de se soumettre à un numéro du Code, mais bien de perpétuer, au point de vue le plus large, le principe défensif de nos lois constitutionnelles. M. Dupin se chargea de l'expliquer à l'Assemblée Constituante de 1848.

« Une semblable juridiction, dit-il, a toujours existé sous une forme « ou sous une autre depuis le commencement de la Révolution..... « Aujourd'hui vous créez une Haute Cour qui remplace la Chambre des « Pairs, mais qui est toujours la haute juridiction, que toutes les Consti« tutions ont toujours établie, pour punir les crimes et les attentats d'une « certaine espèce. »

Cette déclaration nous apprend qu'en 1848, longtemps après la réforme du Code pénal, la Haute Cour demeurait compétente pour juger non pas le cas de l'article 87, mais toute la catégorie des crimes attentatoires; et que, sous cet aspect, la Constitution républicaine était la continuation exacte des Constitutions de la Monarchie.

L'Empire continua la tradition sans l'altérer; l'article 54 de la Constitution de 1852 fut ainsi conçu :

« Une Haute Cour de Justice juge sans appel ni recours en cassa« tion, toutes personnes qui auront été renvoyées devant elle, comme « prévenues de crimes, attentats ou complots.... contre la sûreté inté« rieure ou extérieure de l'État. »

Voilà encore la formule la plus large, et toujours le même esprit inspirateur. La Haute Cour est compétente en matière de complot, comme en matière d'attentats et autres crimes attentatoires.

C'est à la suite de cette dernière affirmation du principe qu'intervient la loi de 1875. Sans doute, le mot « complot » n'y est pas prononcé, mais l'expression « attentat » y étant employée dans son acception générique, en est l'équivalent formel; la preuve s'en trouve dans l'absence de discussion, car si l'on eût voulu, à ce moment, modifier une loi séculaire, on l'eût dit expressément; l'insertion de l'article, joint au silence du législateur, montre assez qu'il y a eu continuation pure et simple de l'ancienne compétence. Donc la loi de 1875 est, de par ses certificats d'origine, antérieure au Code, extérieure au Code, supérieure au Code. Elle n'est pas asservie à un article, puisqu'elle domine un chapitre de ce Code. Elle défère à la Haute Cour « les attentats commis contre la sûreté de l'Etat ». C'est son texte, c'est son esprit.

3° *Arguments et objections.*

Les voix les plus autorisées se sont élevées pour proclamer la vérité et justifier cette thèse controversée pour la première fois en 1889.

Lors de la discussion de 1834 (relative à des assimilations en matière d'association), M. Martin (du Nord), dans son rapport à la Chambre des Députés, disait que le complot et l'attentat restaient deux parties du même tout, au point de vue de la compétence de la Haute Cour. « La « Chambre des Pairs (nous citons le passage intéressant de son discours) « connaît des crimes de haute trahison et des attentats à la sûreté de l'Etat « qui seront définis par la loi. Le Code pénal, que vous avez revisé dans « la session de 1831, détermine avec soin, dans les article 87, 88 (attentat), « 89 (complot) et autres, ce que sont les attentats à la sûreté de l'Etat. « La loi nouvelle déclare que ces attentats sont de la compétence de la « Chambre des Pairs, lorsqu'ils seront commis par des associations... etc. »

Impossible de mieux définir la portée du mot « attentat » au point de vue de la compétence de la Haute Cour.

A la même époque, M. Thiers, Ministre de l'Intérieur, complétait nettement cette définition : « La Charte, disait-il, a entendu envoyer « (devant la Chambre de Paris) le jugement de tous les attentats, c'est-« à-dire de *tous les crimes* qui, à certains degrés, peuvent compromettre « la sûreté de l'Etat. »

Qui oserait soutenir, devant ces affirmations des législateurs de 1834 et de 1835, que la revision du Code pénal en 1832 avait donné la loi régulatrice annoncée par les Chartes de 1814 et de 1830? Jamais cela n'a fait question et en 1835, devant la Chambre des Pairs, M. Girods (de l'Ain), rapporteur de la loi sur les associations, s'exprimait ainsi : « ..... Cette loi, qui définit les attentats dont vous auriez à connaître, « n'est point intervenue. »

D'ailleurs, en quoi donc a consisté la revision du Code pénal sur le point qui nous occupe? Avant 1832, le complot et l'attentat étaient visés dans le même article, mais de façon distincte, et chacun avec la définition propre; en 1832, on les a placés dans des articles différents; avant 1832, ces deux crimes étaient punis de la même peine; en 1832, on édicta pour eux des peines différentes ; les modifications n'ont eu ni un autre objet, ni une autre portée. Il n'y a, par conséquent, aucun argument à tirer de cette revision, en ce qui concerne l'économie du chapitre du Code, placé en face de la loi constitutionnelle.

C'est donc à bon droit qu'on a dit en 1835 : Rien n'est changé.

Depuis lors, aucune autre revision du Code pénal ne s'est produite, car la revision de 1863 n'a pas changé un mot au chapitre des crimes attentatoires. Nous en sommes donc toujours au même point ; les déclarations de MM. Martin (du Nord), Thiers et Dupin et autres, ont conservé toute leur valeur ; par conséquent, le complot est un des crimes attentatoires à raison desquels la Haute Cour est compétente.

Où en arriverait-on, si l'on admettait un autre système.

En droit, on altérerait le texte de la Constitution de 1875 pour lui faire dire : Le Sénat peut être constitué en Cour de Justice pour connaître des faits prévus par l'article 87 et par le § 1er de l'article 91 du Code pénal. A part ces deux exceptions, la Haute Cour sera incompétente pour juger les crimes contre la sûreté de l'Etat.

Or, il suffit d'énoncer une pareille prétention pour en faire justice.

En fait, on atteindrait les résultats les plus étranges. Supposons, en effet, un complot organisé de longue main sur tous les points du territoire ; un coup de force est préparé ; nous sommes à la veille des proscriptions et des guerres civiles ; mais l'aspirant dictateur n'est pas encore descendu dans la rue : ç'en est assez, malgré la grandeur du péril, la Haute Cour n'est pas compétente. Supposons, au contraire, quelques intrigants sans consistance, qui, dans une tentative insensée, renverseront deux charrettes pour ébaucher une barricade ; ici, la sûreté de l'Etat n'est pas sérieusement menacée, et cependant il y a eu un acte matériel, attentat, la Haute Cour sera compétente.

Interpréter ainsi la loi, c'est nier qu'elle existe.

4° *Jurisconsultes.*

Les auteurs qui ont touché à cette question ne l'ont fait qu'en peu de mots, la considérant comme indiscutable.

Chauveau et Faustin Hélie ont indiqué en passant la valeur générique du mot « attentat ». « Il nous reste, ont-ils dit, à examiner les différents attentats qui rentrent dans la qualification générale (des crimes politiques). » (Tome II, page 23.)

C'est donc à un ensemble qu'ils s'adressaient et non à l'article 87, pour trouver la définition de l'attentat. Et encore la difficulté était-elle réelle, car, en 1835, MM. Sauzet et de Barante avaient soutenu que les mots « attentats à la sûreté de l'État » n'avaient pas été définis par le Code pénal. Le législateur n'a, en effet procédé que par voie d'énumération, et il faut recourir à l'article 108 pour rencontrer la vraie formule de sa pensée.

Depuis la loi de 1875, M. le professeur Garraud, dans son traité de droit pénal (tome II, nos 311 et suivants), a exprimé l'opinion suivante sur les crimes contre la sûreté de l'État : « Ces crimes et délits sont justiciables, en principe, des tribunaux ordinaires, mais... en tout temps, un décret du Président de la République, rendu en Conseil des Ministres, peut attribuer au Sénat, constitué en Haute Cour de Justice, le droit de juger ces infractions. »

Voici une fois de plus la véritable compétence proclamée ; elle s'étend à tous les crimes attentatoires à la sûreté de l'État, et non à deux cas spéciaux.

Dalloz partage cet avis sans hésiter (Supp. au Répertoire, v° Compétence criminelle, n° 382 : « Le Sénat peut être constitué en Cour de Justice... pour juger toute personne prévenue d'attentat commis contre « la sûreté de l'État. Ces attentats n'ayant été définis par aucune loi spéciale, on doit comprendre sous cette dénomination les crimes contre « la sûreté publique prévus et punis par le Livre III du Code pénal. »

Cet exposé suffit amplement pour montrer que le doute n'est pas possible.

5° *Jurisprudence.*

La Haute Cour de Justice, fixée sur l'étendue de ses droits, n'a pas hésité à proclamer sa compétence en matière de complot. Nous citerons un précédent décisif : l'espèce était, on peut le dire, presque identique à celle dont est saisie la Haute Cour en 1889.

Il s'agit du complot dit : « La conspiration du 19 août 1820. »

Un officier de l'armée, Nantil, était accusé d'avoir, avec quelques autres individus, formé une conspiration dont le but était de chasser les Bourbons, et de substituer la cocarde tricolore à la cocarde blanche. « Pour obtenir des adhésions, dit l'acte d'accusation dressé par le « Procureur général Peyronnet, les conjurés agissaient selon les opinions, « les passions ou la crédulité des gens qu'ils voulaient séduire ; les uns « croyaient travailler pour l'établissement d'une République, les autres « se persuadaient qu'on placerait sur le trône le fils de Napoléon Bonaparte ;... à ceux-là, on représentait la nécessité de redresser la marche « du Gouvernement. »

Des émissaires parcouraient la France et parlaient à chacun suivant ses goûts et ses désirs.

Nantil, l'un des agents les plus actifs de ce complot dont l'existence était connue, mais qui n'avait pas encore éclaté, parvint à prendre la fuite : il avait l'art de voyager incognito, en modifiant son extérieur et en s'affublant de lunettes. (Pages 133 et 134 de l'acte d'accusation.)

Mais d'autres inculpés furent mis en état d'arrestation, et l'affaire fut portée devant la Chambre des Pairs, constituée en-Haute Cour. Il n'y avait pas eu commencement d'exécution, le crime de complot fut seul relevé. (Art. 89.)

La Cour, saisie par le Réquisitoire introductif, rendit, à la date du 21 février 1821, le premier arrêt ci-après :

« Attendu qu'il résulte des faits exposés par le Procureur général, et « de l'instruction, que le crime dénoncé à la Cour des Pairs est *au* « *nombre de ceux* qu'indique l'article 33 de la Charte, et que, de plus, il « présente des caractères qui doivent déterminer la Cour à s'en réserver « l'exclusive connaissance;

« Attendu que de l'instruction résulte, contre les nommés X. et Y., « charges suffisantes d'avoir *formé un complot*, et d'avoir, avec connais- « sance, aidé ou assisté, dans les faits qui l'ont préparé et facilité, les « auteurs de ce complot..... Lors duquel complot la résolution d'agir « aurait été concertée et arrêtée entre plusieurs personnes, la Cour se « déclare compétente. »

Le 9 juin 1821, réquisitoire définitif, dans lequel le Procureur général vise exclusivement le complot et la complicité de complot :

16 juillet 1821, arrêt sur le fond,

« En ce qui concerne Nantil, Ladvocat, Rey ;

« Attendu qu'il résulte des pièces et de l'instruction écrite, qu'ils « sont convaincus d'avoir *adhéré et participé à un complot* dont le but « était de détruire et de changer la forme du gouvernement.... et d'ex- « citer les citoyens à s'armer contre l'autorité.... les condamne, etc... »

Un pareil précédent ferait, s'il en était besoin, disparaître le dernier doute.

6° Droit souverain d'interprétation par la Haute Cour.

En dehors et au-dessus des règles rappelées plus haut, il convient de reconnaître que la Haute Cour constitue une juridiction souveraine et non une juridiction exceptionnelle ; qu'elle ne relève que d'elle-même et qu'elle a de tout temps tracé les limites de sa compétence sans être dominée par tel ou tel texte de détail.

Elle a toujours été saisie des affaires intéressant la sûreté publique, après un triage qui la déchargeait des moins importantes ; elle ne s'est jamais une seule fois déclarée incompétente en matière de crimes attentatoires.

Lors du procès des Ministres de Charles X, M. de Bastard, membre de la Commission d'instruction, s'exprimait ainsi :

« La Chambre des Pairs peut seule composer le Tribunal suprême « de la France ; seule, par son caractère politique et judiciaire, elle peut « constituer cette magistrature d'un ordre supérieur, capable de com« prendre, de juger les grands procès. . . .; seule, elle a le pouvoir et le « droit de s'affranchir des prescriptions étroites de la lettre écrite, et de « n'écouter que les règles éternelles de l'équité et de la raison. »

Si l'expression est exagérée, la pensée tout au moins est exacte, car pour qu'une juridiction soit souveraine, il faut bien qu'elle ne soit pas enchaînée par les liens de l'interprétation restrictive, comme peuvent l'être les juridictions ordinaires ou inférieures. Jamais ce privilège n'a été été dénié à la Haute Cour, jamais elle n'a hésité à l'affirmer.

Dalloz dit sur ce point : « Tout en reconnaissant que les crimes de « haute trahison et d'attentat à la sûreté de l'État sont ceux quali« fiés tels par le droit commun, la Chambre des Pairs, considérant que « ces crimes sont *nombreux et divers*, et que plusieurs d'entre eux n'ont « pour le pays qu'une importance médiocre, avait décidé que la Charte « n'entendait lui déférer la connaissance des attentats prévus par les « articles 86 *et suivants*, qu'autant qu'ils seraient commis par certaines « personnes, etc.... »

M. Girod (de l'Ain) disait dans son rapport de 1834 :

« Le Gouvernement, usant d'une faculté qui n'a jamais été contre« dite, vous a déféré certains attentats, et après avoir *statué vous-mêmes « sur votre compétence*, vous avez procédé à leur jugement. »

Dans l'arrêt Nantil, rapporté plus haut, on trouve les considérants suivants :

« Attendu que l'article 33 de la Charte, en attribuant à la Cour des « Pairs la connaissance des crimes de haute trahison et des attentats à « la sûreté de l'État, n'indique pas en même temps que, pour ces crimes « mêmes, la compétence de cette Cour soit exclusive de toute autre ;

« Attendu qu'il *appartient à la Cour des Pairs* d'apprécier si les « crimes qui lui sont déférés rentrent, par leur gravité et leur importance, « dans la classe de ceux dont le jugement lui est spécialement ré« servé. »

Il ressort de là que la Haute Cour s'est toujours reconnue compétente en toute matière de crimes attentatoires, et en même temps souverainement libre de fixer les bornes et d'apprécier l'opportunité de cette compétence, suivant les espèces.

Un mot suffit pour tout résumer : elle est maîtresse de sa compétence.

Elle pourrait donc, dans l'exercice de son droit souverain, interpréter librement la Constitution de 1875 dans le sens de sa compétence en matière de complot.

Mais elle n'a pas à le faire, puisque cette compétence existe, formelle et indiscutable à tous les points de vue.

Fait au Parquet de la Haute Cour de Justice, le deux juillet mil huit cent quatre-vingt-neuf.

Le Procureur général,

Signé : QUESNAY DE BEAUREPAIRE.

PARIS. — P. MOUILLOT, IMPRIMEUR DU SÉNAT, PALAIS DU LUXEMBOURG.

www.ingramcontent.com/pod-product-compliance
Ingram Content Group UK Ltd.
Pitfield, Milton Keynes, MK11 3LW, UK
UKHW012038240726
13965UKWH00003B/888